Ingeborg Flemming
Geboren in einer Glückshaut

D1728435

Ingeborg Flemming

Geboren in einer Glückshaut

Eine Kindheit und Jugend von 1927–1947

Für meine liebe
Freundin Rosemarie
Deine

Hilde

edition fischer
im
R. G. Fischer Verlag

Bibliografische Information Der Deutschen Bibliothek
Die Deutsche Bibliothek verzeichnet diese Publikation in der
Deutschen Nationalbibliografie; detaillierte bibliografische
Daten sind im Internet über http://dnb.ddb.de abrufbar

© 2003 by R.G.Fischer Verlag
Orber Str. 30, D-60386 Frankfurt/Main
Alle Rechte vorbehalten
Schriftart: Palatino 11°
Herstellung: Satz*Atelier* Cavlar / NL
Printed in Germany
ISBN 3-8301-0449-9

Ingeborg Flemming

Geboren in einer Glückshaut

Eine Kindheit und Jugend von 1927–1947

Für meine fleißige
und liebevolle Nichte
Roswita. — Deine dankbare
Hilde

edition fischer
im
R. G. Fischer Verlag

Bibliografische Information Der Deutschen Bibliothek
Die Deutsche Bibliothek verzeichnet diese Publikation in der
Deutschen Nationalbibliografie; detaillierte bibliografische
Daten sind im Internet über http://dnb.ddb.de abrufbar

© 2003 by R.G.Fischer Verlag
Orber Str. 30, D-60386 Frankfurt/Main
Alle Rechte vorbehalten
Schriftart: Palatino 11°
Herstellung: Satz*Atelier* Cavlar / NL
Printed in Germany
ISBN 3-8301-0449-9

Mein ganz besonderer Dank gilt meiner Nichte Roswitha Flemming. Ohne sie wäre dieses Buch nie zustandegekommen. Außerdem danke ich meinen Töchtern Gabriele und Christiane sowie meinen Enkeltöchtern Nathalie und Felicitas und meinem Neffen Reiner Flemming. Sie alle haben mich in liebevoller Weise ermutigt und unterstützt.

Inhaltsverzeichnis

Hildes Fluchtweg
November 1944 - April 1946

ICH

Diese Aufzeichnungen widme ich meiner Enkelin Felicitas, die mich ermunterte, alles, was ich in meinem Leben erlebt habe, aufzuschreiben. Zu vieles würde in Vergessenheit geraten und verloren gehen, insbesondere Kindheitserlebnisse, sowie Jugendzeit, Hitlerjugend, Pflichtjahr, Reichsarbeitsdienst und auch die Flucht aus unserem Heimatland Ostpreußen. Meine Geburtsstadt ist Königsberg.

Sie möchte erfahren, wie wir gelebt haben. Womit haben wir uns beschäftigt, was waren unsere Wünsche? Welche Träume hatten wir? Wie war das mit so einer großen Familie und Verwandtschaft? Und vieles mehr. Besonders unsere Familiengeschichte interessiert sie, sonst kann man sich ja über diese Zeit in Geschichtsbüchern informieren.

Natürlich beginne ich mit meiner Geburt, die ja etwas Besonderes aufzuweisen hat. Es gibt wenige Menschen, die in einer Glückshaut geboren werden. Nun, ich, Hildegard Ingeborg Flemming, bin einer von ihnen. Nach medizinischen Erkenntnissen ist diese Art der Geburt sehr selten. Medizinische Erklärung: Glückshaut oder Haube, nachzulesen im Brockhaus oder medizinischen Lexikon. Die Glückshaut ist ein Stück der Fruchtblase, das den Kopf des Kindes bei der Geburt bedecken kann. Wenn die Haut nicht schnell genug entfernt wird, ersticken die Babys. Deshalb gelten sie als »Glückskinder«.

Am 16. September 1927 kam ich an einem warmen, und wie sollte es auch anders sein, sonnigen Herbsttag auf die Welt. Frau Enskat, unsere Hebamme, die bei allen Geburten bei meiner Mutter zugegen war, rief laut und erfreut: »Ein Glückskind, Frau Flemming!«

Meine Mutter, noch erschöpft von den Wehen, sagte nur: »Man wird sehen«.

Heute, mit 74 Jahren, an Leib und Seele gesund zu sein, ist für mich ein wahres Glück.

Was ich allerdings während dieser Jahre erlebt, überwunden, erlitten und bewältigt habe, darüber lesen Sie in diesem Büchlein, da ist alles zu erfahren, was einem im Leben an Gutem aber auch an Widerwärtigem passieren kann.

Zu Reichtum bin ich jedoch nicht gekommen. Wenn Sie das in diesem Buch erfahren wollen, muß ich Sie enttäuschen. Außerdem habe ich mich nicht bemüht, viel zu besitzen. Viel Geld und Besitz macht unfrei, und ich liebe die Freiheit. Sicher benötigt man etwas, um den Lebensunterhalt zu bestreiten, aber zuviel erfordert zugleich die Begabung, damit umgehen zu können. Denn wer glaubt, daß viel Geld zum Glück beiträgt, ist meiner Meinung nach im Irrtum. Zum Beispiel gibt es gewollte Besitzlosigkeit, wie die bei Bettlern, Mönchen, Nonnen und Diakonissinnen der Fall ist, die sind vielleicht glücklicher, als wenn einer im Geld schwimmt und sich alles leisten kann und keine Wünsche mehr hat. Der ist arm dran.

Ein gutes Mittelmaß in allen Dingen ist meine Lebensphilosophie. Bei dieser Art zu leben, fällt es einem auch nicht schwer, von dieser schönen Erde Abschied nehmen zu müssen. Es gibt in diesem Sinne ein sehr schönes Gebet:

Wenn alles eben käme, wie du gewollt es hast.
Und Gott dir gar nichts nähme und gäbe dir keine Last.
Wie wär's da um dein Sterben, du Menschenkind bestellt?
Du würdest fast verderben, so lieb wäre dir die Welt.

Unsere Stadt Königsberg (das heutige Kaliningrad) war um
ein Menschenkind reicher geworden. Das war ich. Getauft
wurde ich auf den Namen Hildegard Ingeborg in der
Löbenichtschen Kirche. Diesen Namen hatte allerdings der
Standesbeamte vorgeschlagen, weil mein lieber Vater den
Namen Sonja, der mir von meiner Mutter zugedacht war,
vergessen hat. Der Familienname Flemming soll im Mittelalter einen Adelstitel besessen haben, doch das ist heute
nicht mehr nachzuweisen.

Königsberg

11

Nun, was geschah noch an diesem 16. September 1927? An diesem Tag kehrte der dänische Polarforscher und Völkerkundler »Knut Rassmußen« von der damals längsten, von einem Arktikforscher je unternommenen Hundeschlittenreise zurück.

Am 16. September 1620 stachen mit dem 180-Tonnen-Dreimaster »Mayflower« 41 Separatisten vom Hafen Plymouth über den Atlantik nach Nordamerika in See. Nach zweimonatiger Fahrt kamen sie am 21. November an der nordamerikanischen Küste an.

Geboren sind unter anderen am 16 September:
Karl Dönitz (Großadmiral)
Albrecht Kossel (Nobelpreisträger)
Karl Klein (Rennfahrer)
Werner Bergengrün (Schriftsteller)
Oskar Lafontaine (Politiker)

EINE GROSSE FAMILIE

Als fünftes Kind meines zeugungsfreudigen Vaters wuchs, blühte und gedieh ich zu einem niedlichen Wesen heran. Das Niedliche blieb mir sehr lange erhalten. Zu meinem Leidwesen wurde ich nicht größer als genau in Zahlen 150 cm.

Überall war ich die Kleinste. Deshalb gab man mir alle möglichen Spitznamen. Das Pünktchen, der Stift, Zwerg, Fips, Wurzelmännchen, Mündchen und weiß der »Deubel«, was für Namen sie noch erfanden. Als junges Mädchen ärgerte mich das zuweilen. Trotz Übungen am Reck, anderer Sportbetätigungen und Hefe essen blieb es bei den eineinhalb Metern. Ich wäre gerne so groß wie meine Schwestern gewesen. Sie waren immerhin 168 groß.

Hilde und Gretel

Einmal, als ich in Berlin während des Arbeitsdienstes bei der Straßenbahn als Schaffnerin eingesetzt war, fragte ein Landser: »Waren Sie immer schon so klein?«
Ich: »Nee, ick bin beim Waschen einjejangen«.

Heute noch, es war letztens im Schwimmbad, sagte doch soon Dicker zu mir: »Ach wie klein«.
Ich: »Ach wie rund und dick«. Da war der Dicke sprachlos.

Diese Winzigkeit war für mich wirklich ein Problem. Wenn mein Selbstwertgefühl besser gewesen wäre, hätte ich meine Größe akzeptiert, aber das war gestört. Ich trug immer Schuhe mit hohen Absätzen, obwohl mir die Füße oft geschmerzt haben. Heute, in meinem hohen Alter, bin ich zum Glück von diesem Wahn befreit. Und trage bequeme Schuhe.

Zum Glück ändert sich ja auch die gesamte Lebenseinstellung, und Äußerlichkeiten bekommen einen anderen Stellenwert.

Es hat überhaupt nichts zu sagen, ob ein Mensch groß oder klein, ob er dick oder dünn ist. Entscheidend sind seine Denkweise, sein Verhalten, seine Moralvorstellungen. Womit beschäftigt er sich? Was bewegt ihn, wie sind seine Ansichten und vieles mehr. Was ist ihm im Leben wichtig?

VORFAHREN

Doch nun zu meinen Vorfahren und dem, was ich noch von den Erzählungen meiner Mutter weiß. Mein Vater stammt aus einer sehr reichen Familie, nämlich kinderreich, ist ja auch eine Art von Reichtum, oder? Die Großeltern waren eben zeugungsfreudig, obwohl ich das meinem Opa zuordne, denn meine Oma war bestimmt nicht erfreut, dauernd schwanger zu sein. Doch das war sie die meiste Zeit, bei 12 Kindern. Wahrscheinlich war das das einzige Vergnügen, das mein Opa hatte. Denn sonst kannten sie bei der kleinen Landwirtschaft und einem Stall voll Kindern nur Arbeit. Freizeit und Urlaub? Ich glaube, sie haben kaum das Wort gekannt. So wie das mein Vater erzählte, sind sie nie aus Neuhausen rausgekommen. Noch nicht mal nach Königsberg. Ein arbeitsames und entbehrungsreiches Leben. Und doch waren sie in irgendeiner Weise zufrieden. Sie haben ein hohes Alter erreicht, und ich kann mich noch an die »Goldene Hochzeit« erinnern. Sie saßen auf bekränzten

Königsberg

Stühlen in einem weißgekalkten Raum und auf dem Fußboden war weißer Sand gestreut. An der Haustüre war der
Rahmen mit Tannen und weißen Blüten umrandet. Überall
roch es nach Tannen. Meine Schwester Gretel und ich haben

ein Gedicht aufgesagt, da hat meine Oma geplinst (geweint). Es war ein riesiges Fest, denn alle ihre Kinder waren
inzwischen verheiratet und hatten auch viele Kinder, wir
zum Beispiel schon mal 6. Die Halbgeschwister waren
schon aus dem Haus.

Königsberg

Sie wohnten in der Nähe von Königsberg, in Neuhausen.
Alle Kinder waren wohlgeraten und gesund. Trotz vieler
Entbehrungen oder gerade deshalb. Sechs hübsche Mäd-
chen, Antonie, Marie, Auguste, Minna, Berta und Therese.
Die Jungs, Herrmann war der Älteste, der auch das kleine
Anwesen übernommen hat und die alten Eltern betreute.
Dann Friedrich Wilhelm, mein Vater, dann Albert, Franz,
Ernst und Karl. Alle Kinder sind nach der Schule nach
Königsberg gegangen, haben dort Arbeit gefunden und
geheiratet.

Königsberg

Mit dreiundzwanzig Jahren lernte mein Vater die Schneiderin Henriette Dankert kennen, die er 1915 heiratete und mit ihr zwei Kinder hatte, Arthur und Gertrud. Diese Frau Dankert starb im Jahr 1917 an Lungenentzündung. Nun stand mein Vater mit zwei kleinen Kindern alleine da. Kurz danach lernte er meine Mutter Lina geb. Bergatt kennen, deren Mann im ersten Weltkrieg gefallen und deren kleiner Sohn an Scharlach gestorben war. Beide allein, beschlossen sie zu heiraten, was sie im Jahr 1919 taten. Meine Mutter stammte auch aus der Landwirtschaft. Diese Familie war nicht so zahlreich. Insgesamt vier Geschwister. Auch sie gingen alle nach Königsberg, denn dort gab es überall Arbeit. Mama hat in einem großen Haushalt das Kochen gelernt und Papa hatte die Pferde betreut, und dort hatten sie sich kennengelernt.

Zwei Kinder waren meinen Eltern wohl zu wenig, deshalb kamen im Laufe der Ehe noch einige dazu. Wenn es damals die Pille gegeben hätte, wären bestimmt 2 von uns nicht auf der Welt. Meine Mutter wollte so viele Kinder nicht haben. Später hat sie sich über alle gefreut.

Bei der letzten Geburt, erzählte mir meine Mutter viel später, hat der Doktor Rehfeld zu meinem Vater gesagt. «Nun, Herr Flemming, muß aber Schluß sein mit dem Kindersegen, sonst können Sie Ihre Frau auf dem Friedhof besuchen«.

Das hat er sich doch zu Herzen genommen, und dann war endlich Schluß mit der ewigen Schwangerschaft. Wie meine Mutter das geschafft hat, uns das Gefühl zu geben, nicht bettelarm zu sein, ist mir heute noch schleierhaft. Tatsache war, daß mein Vater nicht viel verdient hat, und eine 10-köpfige Familie zu ernähren, zu kleiden und zu beschenken: Meine Mutter muß eine wahre Künstlerin gewesen sein.

Elli, Hilde und Gretel (von links nach rechts)

Es tut mir heute noch weh, hinzufügen zu müssen, daß es sogar noch einige Fehlgeburten gegeben hat. Meine arme Mutter war wirklich dauernd schwanger, wie meine Oma. Ich habe meinen Vater nicht geliebt, auch war es mir unangenehm, wenn er mich auf den Arm genommen hat, was sowieso selten vorkam. Wenn Mama weinte, habe ich gedacht, daß Papa ihr was angetan hat. Ob das wirklich so war, wer weiß das schon?

Königsberg

Der Friedrich war kein schlechter Mensch, nur sehr jähzornig, und heute sehe ich es in einem anderen Licht. Er war vor allem sehr fleißig und hat alles getan, was in seiner Macht stand, damit es uns gutgehen sollte. Auch im Alter, als er etwas ruhiger geworden war, hat er sich mit meiner Mutter besser vertragen. Und wenn sie mal krank war, war er sehr fürsorglich.

0-köpfige Familie zu ernähren, war für die Eltern die ۽ Sorge. Es war ein Glücksfall, daß wir am Stadtrand von Königsberg eine Wohnung bekamen, und zwar am Lieper Weg. Diese Wohnung lag zugleich gegenüber der Zellstofffabrik, wo Papa angestellt war. Hier hatten wir die Möglichkeit, Haustiere zu halten. Hinzu kam ein großer Garten und einige Äcker, die wir pachten konnten. Als Ergänzung zu unserer Ernährung schafften wir uns Hühner, Kaninchen, Schweine, im Sommer manchmal Enten und Gänse an. Letztere mußte ich öfters auf die Weide bringen, doch das tat ich sehr ungern, weil diese Biester nicht dahin gingen, wo sie sollten. Einmal hatten wir sogar eine Ziege, von diesem Ungeheuer werde ich später noch erzählen.

Da diese Tiere hauptsächlich zu unserer Ernährung gehalten und eines Tages geschlachtet wurden, hat sich bei mir zu keinem dieser Tiere eine innige Beziehung entwickelt. Vielleicht geschah das unbewußt zum eigenen Schutz vor Schmerzen und Herzeleid. Der Not gehorchend, nicht zum eigenen Triebe, würde Goethe sagen. Selbst zu unserer Katze hatte ich keine warmen Gefühle. Wenn sie Junge bekam, wurden sie sofort weggebracht, in einem Sack, das machte Papa. Wenn ich fragte: »Wo bringst du sie hin?« sagte er nur »weg«, weiter nichts. Ob wir Mäuse hatten, weiß ich nicht mehr, kann möglich sein. Die Katze hat manchmal eine angeschleppt und vor die Türe gelegt. Wir wohnten im Parterre in einem Backsteinhaus.

VERWANDTE

Bei großen Festen, runden Geburtstagen und sonstigen Jubelfesten kam ein großer Teil der Verwandtschaft zusammen, um das gebührend zu feiern. Ein Raum der Wohnung wurde ausgeräumt und von der nahegelegenen Brauerei, die auch das Bier sowie Schnaps lieferte, bekamen wir Tische und Bänke geliehen. Dann wurde gegessen, getrunken, gespielt und getanzt, daß die Wände gewackelt haben, und dies bis zum frühen Morgen. Ostpreußen sind ja dafür bekannt, trinkfest zu sein. Und Feste können sie feiern. Es gibt eine Geschichte, und zwar von einer Beerdigung, wo die Leute den Sarg hochkant gestellt haben, damit sie Platz zum Tanzen hatten.

Bei unseren Festen war ein Spiel Bestandteil der Feier. Es hieß »Rundgesang«. Jeder mußte ein Lied singen. Zunächst hieß es immer »Ach liebe Lina (meine Mutter) sing ein Lied«. Mama hatte eine wunderbare Stimme, die sie bis ins hohe Alter behalten hat. Die Lieder, die sie sang, waren mir hingegen zu traurig. Balladen von Liebesleid und Weh. Zum Beispiel die Lorelei, das Wolgalied, Zigeunerweisen usw. Ihr Repertoire war unerschöpflich. Auch kannte sie eine Menge Volkslieder, die sie uns lehrte und mit uns sang. Mein Vater wollte nicht zurückstehen und gab seinen musikalischen Beitrag bei den Festen dazu, dies allerdings erst, wenn er einen Schwips hatte. Das Lied, das er zum Besten gab, wich erheblich von dem ab, was meine Mutter sang. Es war zweideutig, wobei sich meine Onkels ausgeschüttet haben vor Lachen und die Tanten verschämt dreinschauten. Ich habe das Lied erst verstanden, als ich erwachsen war. Es handelte von einer Geige. Einmal hat sich mein Vater mit einem seiner Brüder gekloppt. Onkel Ernst hatte Mama beim Tanzen geküßt, da ist der Friedrich ausgerastet, denn er war schrecklich eifersüchtig. Er hat sich jedoch manch anderes Ding geleistet. Mit einer Nachbarin hat er oft geflirtet, das habe ich noch erlebt, als ich schon älter war. Onkel Ernst hat uns nie wieder besucht. Ich habe ihn vermißt, denn ich mochte diesen Onkel sehr gerne, er sah auch am schönsten von den Brüdern meines Vaters aus.

Apropos Besuch. Der liebste Gast war unser Opa aus Uderwangen, Mamas Papa. Er war ein Opa wie aus dem Bilderbuch, mit einem Schnurrbart wie der Kaiser Wilhelm. Nur küssen wollte ich ihn nicht. Er hat nach Kautabak gerochen, und das hat mir nicht gefallen. Aber lachen konnte er und Geschichten erzählen, die spannend und gruselig waren. Zu rühmen waren seine Mitbringsel, ein riesiges Bauernbrot Schinken, Landbutter und oftmals ein Hase. Den hat Mama gleich eingelegt, und am nächsten Tag gab es einen köstlichen Braten. Es war wirklich ein Fest, wenn dieser Opa uns besucht hat. Ich war sehr traurig als er starb. Es war ein eisigkalter Winter und wir sind im Schlitten zum Friedhof gefahren. Meterhoch lag der Schnee und die Männer hatten Mühe, ein Grab auszuheben. Was mich damals besonders beeindruckt hat und was ich erstaunlich fand, war, daß anschließend gefeiert wurde, als ob es was Lustiges wäre, wenn einer gestorben ist. Nicht lange danach war es wohl aus mit der Feierei, denn der Krieg hatte begonnen, und meine Brüder wurden zum Militär eingezogen, auch unsere Cousins.

Obwohl wir in der Tat bescheiden gelebt haben, gab es an den Sonntagen immer einen Braten. Dieser wurde schon am Sonnabend in einem ovalen, emaillierten Bräter angebraten. Sonntag war für uns ein richtiges Fest. Wir hatten extra Kleider, die wir nur an diesem Tag anziehen durften, und bloß nicht schmutzig machen, sonst gab es Schelte. Ich war eine wilde Hummel und habe mich nicht immer artig benommen, und oftmals waren meine Kleider sogar mit Teer beschmiert, weil ich überall rumgekrochen bin. Mama war dann ärgerlich und ich habe schon mal den Ausklopfer zu spüren bekommen. Doch meistens hat sie mir den nur gezeigt, so als Drohung.

Wenn ich am Sonnabend aus der Schule kam und der Duft von Braten, Kuchen und Bohnerwachs mir in die Nase stieg, war ich schon in einer Art Feiertagsstimmung. Wochenende war eben etwas Besonderes. Ein Gefühl von Wärme und Geborgenheit.

Die Kartoffelsuppe, die es oft an den Samstagen gab, war nicht so mein Fall, weil mir die Fleischwurst, die es dazu gab, zu klein war. Ich malte mir aus, wenn ich groß wäre und Geld verdiente, würde ich mir einen ganzen Ringel kaufen und ihn rump und stump aufessen.
Habe ich doch tatsächlich gemacht, aber den ganzen Ringel noch nicht mal bis zur Hälfte geschafft.

Samstagabend war auch Badetag. Eine große Zinkwanne wurde aus der Laube, die dicht an unserem Haus stand, hereingeholt und in einem Kessel, in dem auch die Wäsche gekocht wurde, Wasser heißgemacht. Klein-Siegfried und ich kamen zuerst an die Reihe. Dann bekamen wir ein reines Hemd an und ab ins Bett. Danach haben die größeren Geschwister und meine Eltern gebadet. Ich habe weder meine Eltern noch Geschwister jemals nackt gesehen. Man war eben nicht so freizügig, wie das heute der Fall ist, deshalb war mein Schamgefühl sehr stark ausgeprägt, sogar später meinem Mann gegenüber.

UNSERE ZIEGE

Unser Familienleben war sehr harmonisch, einer war für den anderen da, und man fühlte sich geborgen und sicher. Das hat sich allerdings geändert, als wir älter wurden, aber das ist ein ganz natürlicher Vorgang.

Nun die Geschichte von unserer Ziege. Eines Tages, es war während des Krieges, brachte unser Vater eine Ziege mit nach Hause, die er von einem Arbeitskollegen geschenkt bekommen hatte. Sie war bis auf ein paar weiße Flecken ganz schwarz. Abwechselnd musste, meine Schwester Gretel und ich dieses schwarze Biest auf die Weide bzw. Wiese bringen und sie dort anbinden. Mir gehorchte sie überhaupt nicht und machte verrückte Sprünge, so daß ich öfters hinfiel. Ich konnte sie nicht leiden und sie mich offenbar auch nicht. Kurz und gut, eines Tages, ich hatte sie wahrscheinlich nicht fest genug angebunden, hat sie sich losgerissen und ist auf und davon. Obwohl ich gleich hinter ihr hergerannt bin, war sie plötzlich wie vom Erdboden verschwunden. Ich suchte sie überall, denn wenn ich ohne dieses Biest heimkommen würde, könnte ich was erleben! Dann erzählten mir die Kinder, daß sie in die nahegelegene Kneipe rein wäre. Die Kerle, die dort saßen, haben sich einen Spaß geleistet und ihr Bier zu trinken gegeben. Dort ist sie über Tisch und Bänke gesprungen. Der Wirt, nicht belustigt davon, hat sie rausgeschmissen. Nun ging das Spektakel erst richtig los. Wie ein wild gewordener Handfeger ist sie die Straße entlang, wobei die metallene Kette laut über das Kopfsteinpflaster schepperte. Inzwischen war die halbe Nachbarschaft aufmerksam geworden und die

Kinder standen am Straßenrand und hatten einen Heidenspaß. Es wurde gegrölt und gelacht. Irgendwer hat meinen Vater geholt, der ist hemdsärmelig und in Schlorren (Holzpantoffel) im Schweinsgalopp hinter ihr her. Dann hat er noch seine Schlorren verloren und alle, die an der Straße standen, haben sich köstlich amüsiert. Es hat lange gedauert, bis er das beschwipste Biest eingefangen hat. In Schweiß gebadet und total kaputt, hat er die verrückte Ziege in den Stall gebracht, dort konnte sie ihren Rausch ausschlafen. Fortan habe ich mich geweigert, dieses verrückte Tier auf die Wiese zu bringen.

Als der Winter kam, mußte sie dran glauben, eines Sonntags gab es Ziegenbraten. Von diesem Braten schwärmt mein Bruder Gerhard noch heute, er hat es nämlich für Kalbfleisch gehalten. Er wollte niemals Ziegenfleisch essen, und dann konnte er nicht genug davon kriegen im Glauben, Kalbfleisch zu essen.

Ich muß ungefähr 4 oder 5 Jahre alt gewesen sein, als eine Tochter von unseren Nachbarn geheiratet hat, und das in einem großen Rahmen. Dieses Ereignis hat mich sehr beeindruckt. Die ganzen Nachbarn standen am Straßenrand, sie bildeten praktisch Spalier, als die vielen Kutschen, insbesondere die weiße, an uns vorbeifuhren. Das Fest fand in einem großen Saal statt. Als die Braut aus der Kutsche stieg, in einem weißen, langen Kleid und mit langem Schleier, der von zwei kleinen Jungen in schwarzen Anzügen getragen wurde, dachte ich, sie sieht aus wie eine Prinzessin. Und der Bräutigam mit Zylinderhut und schwarzem Anzug sah aus, als ob er zur Beerdigung geht. Weil mein Vater den Zylinder immer nur zu Beerdigungen aufsetzte, kam mir das komisch vor. Als die Brautleute in den Saal gingen, streuten vor ihnen zwei kleine Mädchen aus Körbchen Blumen auf den Weg, wie auf einem Teppich gingen sie

25

dahin. Mein Bruder Arthur, der mich an der Hand hatte, sagte zu mir:»Pummelchen« (so nannte er mich)»wenn du einmal groß bist, wirst du auch so eine schöne Braut sein«. Doch dazu ist es nicht gekommen. Ich habe zwar 1950 geheiratet, aber nicht in Weiß. Wir waren übrigens zu dieser Hochzeit eingeladen, und ich mußte ein Gedicht aufsagen und einen Nachttopf, in dem zwei Würstchen lagen, und ein Häufchen Senf überreichen, mit diesem Gedicht: »Ich bin der kleine Wiedehopf und schenk der Braut den Pinkeltopf, ihr braucht darüber nicht zu lachen, Pipiechen muß doch jeder machen«. Natürlich haben die Erwachsenen alle gelacht und geklatscht, aber ich habe mich geschämt, weil für mich ein Nachttopf nichts Schönes war, ganz im Gegenteil.

Zu unserer Erziehung kann ich nur sagen: Es wurde sehr auf Ehrlichkeit, Sauberkeit und Disziplin geachtet. Sonst haben es meine Eltern dem Zufall überlassen. Außerdem – bei so vielen Geschwistern erzieht einer den andern. Wie schon erwähnt, waren meine Eltern hauptsächlich damit beschäftigt, uns satt zu bekommen und ordentlich zu kleiden.

MEINE SCHWESTER GRETEL

Mein Vorbild war in der Regel meine Schwester Gretel, zwar nur drei Jahre älter, aber sie war fast wie eine zweite Mutter zu mir. So habe ich es zumeist empfunden, und das viele Jahre. Sie hatte auch in meinen Augen viele Vorzüge, sparsam, fleißig, klug und immer sauber. Ich dagegen war eine wilde Hummel. Meine Kleider und Strümpfe waren oft zerrissen und schmutzig, weil ich überall rumgekrochen und auf Bäume geklettert bin. Meine Knie wiesen ständig blaue Flecken auf. Habe Kaulquappen und Käfer gefangen und bin auf den Holzstapeln, die es zur Genüge gab, herumgeturnt. Bin im Winter mehrmals auf dem Eis eingebrochen und fast ertrunken, und ich habe mich mit den Jungs geprügelt. Also ein Wildfang, was mein Vater oft betonte. Doch Mama sagte viel schlimmere Dinge, z. B. »aus dir wird noch nicht mal ein Nestei«. Sie schlug oft die Hände über dem Kopf zusammen, weil ich so unordentlich war.

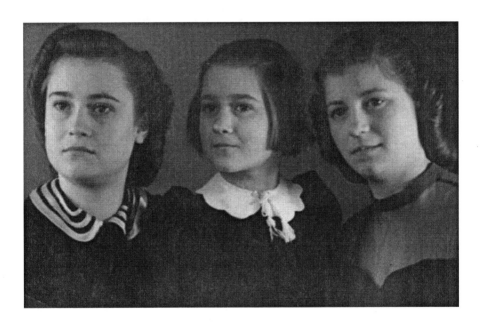

Gretel, Hilde und Elli (von links nach rechts)

TANTE ROSA

Von unserer Tante Rosa muß ich eine kleine Episode erzählen. Ich war nicht gerade das, was man ein sanftes Kind nennt, eher ein Wildfang. Doch Bösartigkeit konnte man mir nicht nachsagen. Tante Rosa war anderer Ansicht. Ich hatte das Gefühl, daß sie mich nicht leiden konnte, aber ich sie auch nicht. Sie tat bisweilen sehr vornehm, als ob sie etwas Besseres wäre als Mama. Sie wohnten in der Stadt und hatten nur zwei Kinder. Mein Onkel Ernst war sehr nett, aber bei dieser Frau hatte er wenig zu sagen. Die beiden Kinder, Ingrid und Kurt, waren auch uns gegenüber eingebildet. Dieser Kurt war schon zwanzig, aber die Tante sagte immer Kürtchen, ich fand das albern. Dabei mußte ich an das Märchen »Die Gänsemagd« denken, in diesem mußte das Kürtchen immer nach seinem Hütchen hinterher rennen.

Wir bekamen in der Regel Kleidung, die den beiden Kindern zu klein geworden waren.

Mama fand das gut, und meine Schwester Gretel und ich mußten diese Sachen abholen. Was ich toll fand, wir bekamen dann Kuchen und Schokolade zu trinken. Doch was mich ärgerte, wir waren kaum zur Türe rein, sagte sie gleich zu mir, nur zu mir: »Geh dir erst mal die Hände waschen, und daß du mir nicht wieder krümelst«.

Ich habe im Bad aber immer nur das Wasser laufen lassen. Dann kam die Aufforderung: »Und daß du mir die Puppen nicht anrührst«.

Sie hatte ein rotes Plüschsofa mit weißen Spitzendeckchen und vielen Kissen, auf denen Puppen saßen, in Reih und Glied. Einmal, als sie draußen war, habe ich die Puppen mit

dem Kopf nach unten auf die Kissen gesetzt. Da ist sie fuchs-
teufelswild geworden und hat zu mir gesagt: »Dich freche
Marjell will ich hier nicht mehr sehen!«

Ich habe ihr die Zunge rausgestreckt und geantwortet: »Ich
will sowieso nicht mehr kommen.«

Da hat sie mir eine geklebt und gesagt: »Das werde ich dei-
ner Mama sagen.«

Zu Weihnachten hat sie mir kratzige Handschuhe und
einen Schal geschenkt und Gretelchen bekam eine Käthe-
Kruse-Puppe.

Ich hoffe, die Tante ist im Himmel und hat mir frechen
Marjell verziehen.

Zu Hause

Wenn es auf Weihnachten zu ging, bemühten wir uns, ein
Gedicht zu lernen, denn das war Tradition. Bevor wir uns
auf den bunten Teller stürzen und Geschenke auspacken
konnten, war ein Gedicht fällig, und viele bekannte Lieder
wurden gesungen. Als ich dann lesen konnte, war das
schönste Geschenk ein Buch. Viele Geschenke bekamen wir
sowieso nicht, aber eins war auf alle Fälle dabei. Die bunten
Teller waren hauptsächlich mit Plätzchen gefüllt, die Mama
schon lange vor dem Fest gebacken hatte. Und selbstge-
machtes Marzipan war immer dabei. Was Besonderes war
eine große Orange. Als unser Bruder Heinz vorübergehend
in einem Obstgeschäft gearbeitet hat, bekamen wir sogar
Feigen und Datteln, die wir vorher überhaupt nicht gekannt haben. Die Adventzeit war schon etwas Besinn-
liches, da haben wir schon jeden Sonntag Adventslieder
gesungen. Mit unseren Kindern haben wir das auch noch
so gehalten, aber wenn ich mit meinen Enkelkindern mit-

singen will, halten die sich die Ohren zu und legen lieber eine CD auf. Eigentlich schade, aber jetzt ist eben eine andere Zeit und das muß man auch akzeptieren, sonst laden sie einem nicht mehr ein, gelle???

Was ich gut finde, die bunten Teller, die gibt es auch bei den Enkeln.
Wir wurden ja im Grunde mit Süßigkeiten nicht verwöhnt. Vielleicht sind wir deshalb heute noch alle schlank und gesund. Jeden Freitag, wenn mein Vater seinen Lohn bekam, erhielten wir einen Dittchen (10 Pfennig), meine Schwester Gretel hat den Dittchen immer gespart, ich dagegen habe ihn zum Kaufmann gebracht und mir 10 köstliche Sahnebonbons gekauft.
Meine Schwester hat noch fast alle Zähne und ist im Besitz eines Häuschens.

Die Sommer in Ostpreußen waren für gewöhnlich lang und heiß. Oft an die See zu fahren, hatten wir zu wenig Geld, aber das Schwimmbad, das für alle Schüler von 14.00–16.00 Uhr kostenlos zur Verfügung stand, haben wir reichlich genutzt. Von weitem hörte man schon den Lärm. Das hieß, der Kupferteich ist brechend voll. Mit einem Handtuch, der Badehose und barfuß sind wir los. Meine Güte, waren wir bescheiden. Manchmal einen Fünfer für einen Lutscher, und das auch nur manchmal. Im Winter diente der Teich als Schlittschuhbahn, sogar mit musikalischer Untermalung. Doch zurück zum Sommer. Wir hatten noch eine Gelegenheit, zum Schwimmen zu gehen, und zwar unser Pregel (Fluß durch Königsberg), jedoch das war nicht überall gestattet. Es gab eine Stelle, die für Schwimmer sehr gut geeignet war, jedoch mußte man 2 Kilometer weit laufen, und für uns Nichtschwimmer war das gefährlich, weil es gleich zu steil abging. Aus diesem Grunde wollten uns die großen Kinder auch nicht mitnehmen. Am schlimmsten waren meine Brüder, weil sie dann auf mich aufpassen mußten. Sie sagten:»Wenn du nicht nach Hause gehst, kommt der Buscherbaubau.« Der Name allein machte mir schon Angst, und von diesem Ungeheuer hatte ich oft Alpträume. Doch einmal muß ich schon die Angst überwunden haben und bin trotzdem hinterhergelaufen. An diesem Tag wäre ich beinahe ertrunken, wenn einer meiner Brüder mich nicht rausgezogen hätte. Am aufregendsten war der Weg dorthin, der durch ein verbotenes Waldstück führte. Das war nämlich eine Abkürzung, aber Privatgrundstück, und ein Wächter, von uns nur der Blaue genannt, weil er immer eine blaue Jacke trug, jagte uns wie die Hasen, wenn er uns erwischte. Er kam immer auf einem Pferd geritten und hatte an seiner Seite zwei Hunde. Wenn wir ihn sahen, schrien alle laut »der Blaue kommt«, und wir dann ab ins Kornfeld. Es war spannend wie im Krimi. Wir sind übrigens den ganzen Sommer barfuß gelaufen. Schuhe hatten wir nur für die Schule oder am Sonntag an. Da es ja noch kein Fernsehen gab, haben wir sehr viele Spiele gekannt und gespielt. Zum Beispiel Völkerball, Seilspringen, Bullerbuller unterm Wagen, Kaiser König Edelmann, Verstecken und vieles mehr. Wir hatten keine Langeweile, keine Probleme mit Übergewicht, Kopfschmerzen oder Schlafstörungen. Immer an der frischen Luft und viel Bewegung. Und vor allem nicht so viel Süßigkeiten.

ERNÄHRUNG

Zum Abendbrot gab es jeden Abend Milchsuppe. Drei Liter holten wir täglich vom nahegelegenen Bauernhof, und Bratkartoffeln, diese manchmal mit Eiern. Nur am Sonntag bekamen wir belegte Brote mit Wurst, Käse und gekochten Eiern. Sonntag war für uns sowieso ein besonderer Tag.

Es gibt eine Menge Gerichte, die man aus Kartoffeln kochen kann. Meine Mutter hat da viel Phantasie bewiesen. Wahrscheinlich auch der Not gehorchend, denn diese Gerichte waren erheblich billiger, wie z. B. Gänsekeulchen mit ein wenig Specksoße. Das hat uns allen sehr gut geschmeckt. Flinsen (Kartoffelpuffer), Kartoffelbrei, Klöße, Bratkartoffeln, Ofenplätz oder verschiedene Aufläufe. Mama konnte überhaupt gut würzen, und das ist ja das A und O überhaupt bei Gerichten. Ihr Spezialgericht: Königsberger Klopse.

Lieblingsessen von uns allen

Königsberger Klopse

Hier das Rezept: Man nehme: 1 Pfund Hackfleisch, 1 Brötchen, 1 Ei, 1 große Zwiebel, etwas Senf, 1 kleine Sardelle, Pfeffer, Salz, eine Prise Thymian und eine Prise Basilikum. Soße: ½ Liter Fleisch- oder Gemüsebrühe, 1 Lorbeerblatt, 10 Gewürzkörner (Piment), etwas Essig, eine Prise Zucker, 1 EL. Mehl, 1 klein geschnittene Zwiebel, etwas Salz und

Pfeffer, ohne das Mehl alles zum Kochen bringen und eine halbe Stunde köcheln lassen.

Das Hackfleisch mit den Gewürzen und dem eingeweichten und ausgedrücktem Brötchen durchkneten und zu Klopsen formen. Diese in die kochende Brühe geben und 20 Minuten auf kleiner Hitze ziehen lassen, danach die Klopse herausnehmen und auf eine Platte legen.

Nun die Brühe durchsieben und aufheben. In einem anderen Topf 100 g Butter und das Mehl zu einer Mehlschwitze verarbeiten, dann die Brühe zugeben. Mit einem Eigelb und saurer Sahne verfeinern und die Klopse hineingeben. Dazu schmecken Salzkartoffeln sowie Reis, aber ein einfacher Kartoffelsalat ist auch nicht zu verachten. Aber wie bei allen Gerichten ist das Geschmacksache. Auch geröstetes Weißbrot schmeckt gut dazu.

Ich habe das mal für unsere Freunde gekocht, da ist nicht ein Klops übriggeblieben.

Ein Festtag war im November, wenn ein Schwein geschlachtet wurde. Im toten Zustand kam es in die Wanne, in der wir auch gebadet haben. Dann wurde es mit kochendem Wasser begossen und Papa rasierte die Borstenhaare weg. Dann wurde es in Stücke zerteilt, die zum größten Teil eingesalzen wurden und in eine Tonne kamen. Die Schinken brachte Papa zum Räuchern nach Laut. Dieser Ort war einige Kilometer weit weg, und das Räuchern war dort billig, weil es ein Arbeitskollege von Papa war, der eine Räucherkammer besaß.

Von einigen Fleischstücken wurden Leberwürste und Blutwürste gekocht, und da immer welche aufplatzten, gab es eine gute Wurstsuppe, die dann auch an die Nachbarn verteilt wurde.

Doch das Leckerste war die gebratene frische Leber. Mein Vater aß zu gerne den Brägen (Gehirn), den Mama für ihn extra gebraten hat. Von den Därmen, die nicht für die Wurst gebraucht wurden, hat Mama Fleck gekocht. Übrigens bei uns in Königsberg sehr bekannt.

Fleck

Hier das Rezept: Die Därme werden gereinigt und über Nacht in eine Salzlauge gelegt. Am nächsten Tag werden sie noch mal gereinigt und abgespült. Dann werden sie in Stücke geschnitten und 1-2 Stunden weichgekocht. Mit etwas Gemüsebrühe, Pfeffer, wenn nötig noch etwas Salz. Nun eine Mehlschwitze zubereiten, mit Brühe auffüllen, die Därme hineingeben und mit viel Senf, einer Prise Zucker und saurem Rahm abschmecken. Weißbrot schmeckt sehr gut dazu.

Ein zusätzliches und kostenloses Nahrungsmittel waren Fische, allerdings nur im Sommer. In unserem Fabrikteich, der uns im Winter auch als Schlittschuhbahn diente, waren viele Fische. Den Arbeitern war es gestattet, dort zu angeln. Unser Papa war ein leidenschaftlicher Angler. Manchmal im Sommer, wenn das Wetter schön war, ging er, gleich wenn er von der Nachtschicht kam, zum Teich. Er sagte: »Das ist für mich Erholung, in aller Frühe am Teich zu sitzen und zu angeln.« Oft brachte er nur Puhlkes (ganz kleine Fische) nach Hause, von denen ich kein Stück gegessen habe, weil sie ganz viele Gräten hatten. Doch meine Schwester Elli war ganz verrückt auf diese Puhlkes. Man mußte viel puhlen, deshalb dieser Name.
Doch ich erinnere mich an einen heißen und sehr schwülen Sommertag. Gewitter lag in der Luft. Papa kam im Sturmschritt angerannt.
»Los Jungs« sagte er zu meinen Brüdern, »es ist Stauwetter!«
Das hieß, sehr viele und große Fische waren im Teich.
Stauwasser entsteht, wenn nordwestliche Winde das Was-

ser des Pregels flußaufwärts drängen. Dadurch fließt das mit Abwässern verschmutzte Wasser von Königsberg nicht in das Haff, sondern landeinwärts. Die Fische im Teich kommen an die Oberfläche, weil sie zu wenig Sauerstoff haben.

Wieder einmal mußte die Zinkwanne herhalten, denn wohin sonst mit diesen vielen großen Fischen, die meine Brüder und Vater nun anschleppten. In der Nachbarschaft sprach sich das schnell herum, bei Flemmings gibt es billig Fische zu kaufen. Ja, an diesem Tag machten wir ein gutes Geschäft. Schade, daß es nur selten Stauwetter gab.

Eine zusätzliche Aufgabe meines Vaters war die Bereitschaft bei der Berufsfeuerwehr. Wenn in der Fabrik die Sirenen losheulten, waren die Männer verpflichtet, sich auf dem schnellsten Wege zum Brandherd zu begeben. Mein Vater, wenn der erste Ton der Sirene zu hören war, insbesondere in der Nacht, ist er wie von der Tarantel gestochen in seine Uniform und war als erster am Tatort. Deshalb wurde er eines Tages zum Brandmeister befördert, doch zusätzlich Geld hat es dafür nicht gegeben, das war alles ehrenamtlich.

Die Feuerwehrautos waren primitiv ausgestattet aber interessant anzusehen. Allein die Messingglocken, die während der ganzen Fahrt bimmelten, waren schaurig anzuhören, besonders nachts. Es lief einem ein kalter Schauer über den Rücken, wenn wir sie kommen hörten, und man war froh, in Sicherheit zu sein. Einmal hat sich Papa einige Brandwunden zugezogen, aber zum Glück war es nicht lebensbedrohlich. Nach einigen Wochen Krankenhausaufenthalt war er wieder fix auf den Beinen.

PAPA

Den genauen Zeitpunkt kann ich nicht mehr bestimmen. Auf alle Fälle war die Welt für mich nicht mehr in Ordnung. Mama hatte oft verweinte Augen, und meinen Vater hörte ich lautstark und zornig schreien. Ich konnte das nicht deuten und hatte schreckliche Angst um Mama. Ich bin dann unter das Bett gekrochen, und in der Nacht habe ich mir die Decke über den Kopf gezogen. Ich habe meine Schwester Elli gefragt, was das für Geräusche seien, doch sie hat nur gesagt, hoffentlich machen sie keine Kinder mehr. Damit konnte ich nicht viel anfangen. Später, als ich schon erwachsen war, hat mir Mama erzählt, daß es meistens bei dem Streit um Sex gegangen wäre. Mein heißblütiger Vater wollte zu oft mit ihr schlafen und sie zu wenig.

Ein gutes Mittelmaß wäre für beide sinnvoll gewesen. Doch was ist ein gutes Mittelmaß? Bestimmt für jeden etwas anderes. Der Not gehorchend mußten wir Kinder sowie die Eltern immer zu zweit in einem Bett zusammen schlafen. Für meinen Vater wäre es angebracht gewesen, manchmal auf den Heuboden zu gehen oder sich eine Freundin anzuschaffen. Apropos Sex, das war kein Thema, über das gesprochen wurde, ich wurde auch nicht aufgeklärt. Aus Unwissenheit trällerte ich einen Schlager, den ich irgendwo mal gehört hatte. Der Satz kommt darin vor »Und wenn ich mit dir tanz, dann wackelt dir der Schwanz«. Mein Vater schaute mich entsetzt an und sagte: »Schämst du dich nicht?«

Ich hatte keinen blassen Schimmer, warum ich mich schämen sollte, so naiv war ich. Zu diesem Zeitpunkt wäre eine Aufklärung ratsam gewesen. Indes, ich nehme an, daß meine Eltern selber gehemmt waren und nicht darüber sprechen mochten. Ich war sehr erschrocken, als ich mit 18 Jahren meinen ersten Sex hatte, wie groß der Penis wurde.

Noch eine Episode zu diesem Thema. Als ich eines Tages alleine aus der Schule kam und durch das Glacie, ein kleines Waldstück, gegangen bin, kam ein größerer Junge und sagte »Komm, wir gehen ficken«, und ich wußte nicht, was das war, und fragte »Was ist das?«

Dann zeigte er mir seinen kleinen Penis und sagte »Mit dem zeig ich es dir.«

Da sind Leute gekommen und er ist weggerannt. Zu Hause habe ich das meiner Schwester Elli erzählt, die hat gesagt: »Das ist Schweinerei, das macht man nicht.«

Wie dumm, eigentlich ist es doch was Schönes, oder???

Die Beziehungen zu den Eltern wie zu den Geschwistern waren distanziert, aber trotzdem herzlich. Was es nicht gab, waren Zärtlichkeiten oder Streicheleinheiten, geschweige denn Küsse. Umarmungen habe ich nicht gekannt. Meine Geschwister paßten altersmäßig wenig zu mir, als daß sie mir hätten nahestehen können.

GRETEL

Zu meiner Schwester Gretel, die nur drei Jahre älter war bzw. noch ist, hatte ich eine Beziehung wie Mutter und Kind, sie fühlte sich in gewisser Weise für mich verantwortlich.

Außerdem war sie auch ein Vorbild, sie konnte alles besser, was sie auch tat. Ob das als Schülerin oder zu Hause, auch war sie viel ordentlicher und wurde auch von Mama sehr gelobt und als Vorbild hingestellt. Ich habe sie viele Jahre bewundert, denn sie war größer und in meinen Augen auch

Gretel

schöner. Doch neidisch oder eifersüchtig war ich nie, auch damals nicht, als sie ihren Mann kennengelernt hat, denn ich hatte mich auf Anhieb in diesen Mann verliebt. Geheiratet hat er meine Schwester, aber ich freute mich für sie. Vielleicht hat sie es damals anders gesehen, aber ich habe sie wirklich geliebt und ihr diesen Mann gegönnt.

Diese Gefühle haben sich geändert, als ich zu mir selbst gefunden habe und vor allem selbstbewußter geworden bin.

Ja, mein Selbstwertgefühl war gleich Null, und so habe ich auch auf andere Menschen gewirkt, bis ich endlich, ich glaube noch rechtzeitig, aufgewacht bin.

Einmal hat Siegfried tüchtig den Hintern versohlt bekommen, weil mein Vater ihn beim Äppelklauen erwischt hat. Ehrlichkeit war bei uns eisernes Gesetz. Darüber eine Geschichte:

Ich weiß nicht mehr, wie alt ich war. Auf alle Fälle hatte ich einmal 50 Pfennige nach einem Einkauf behalten und mir dafür Süßigkeiten gekauft. Für diesen Betrag bekam man damals eine ganze Menge. Ich hatte sie in einen Schuhkarton hineingetan und trug sie unter meinem Arm, als Frau Schwarz, eine Nachbarin, rief: »Hilla, gehst du mal für mich zum Kaufmann?«

Natürlich, wenn man das machte, bekam man immer einen oder zwei Pfennige. Die meisten Kinder rissen sich darum, für jemand einzukaufen. Kurz und gut, Frau Schwarz sagte: »Gib den Karton ich halte ihn so lange.«

Mir war das gar nicht so recht, aber was sollte ich machen? Ich lief also zum Kaufmann. Währenddessen hatte Frau Schwarz nichts besseres zu tun und ist zu uns reingegangen, bestimmt zu plachandern, das war nämlich so eine Quatschtante.

Und wie es das Schicksal so will, mein Vater war ausnahmsweise zu Hause und saß am Küchentisch. Schnell wie der Wind war ich zum Kaufmann gerannt, und als ich in die Küche reinkam, ahnte ich nichts Gutes, als ich meinen Vater sah. Wie neugierig, er wollte wissen, wem der Karton gehört und was da drin wäre. Ich sagte in diesem Moment nichts, aber wurde rot bis über die Ohren.

»Gib mal her«, sagte er. Nun kam die Bescherung, ich mußte Farbe bekennen. Ohne ein Wort nahm mein Vater seinen Gürtel ab und versohlte mir den Hintern. Dann mußte ich zum Kaufmann, alles zurückbringen, das war noch schlimmer als die Dresche. Diese Lektion habe ich nie vergessen, und es ist mir nicht im Traum eingefallen, jemals wieder auch nur einen Pfennig vom Einkaufsgeld zu behalten.

Eismann

KINDHEIT

Wenn Papa mal in die Stadt gegangen ist, brachte er manchmal ein viertel Pfund Schokoladenplätzchen mit, die man gut verteilen konnte. Sonntagsnachmittag kam zuweilen der Eislecker (siehe Bild). Für 5 Pfennig ein Schiffchen Eis, da waren wir schon zufrieden. Wenn in der Nähe ein Rummel stattfand, gab es schon mal einen Dittchen (10 Pfennig). Damit konnte man einmal Karussel fahren und einen Lutscher kaufen. Sicher hätten wir gerne mehr Geld gehabt, aber das gab es eben nicht. Glücklicherweise hat es in unserer Nachbarschaft kaum Kinder gegeben, die mehr Geld hatten als wir. Deshalb kannten wir nichts anderes. Meine größeren Geschwister haben die Armut bitterer empfunden. Als ich in dem Alter war, wo man anfängt Unterschiede festzustellen, haben schon drei Geschwister Geld verdient, und da ging es uns finanziell schon wesentlich besser.

Was ich schon erwähnte, Süßigkeiten waren kaum in dem Etat meiner Mutter enthalten. In unserer kindlichen Ahnungslosigkeit nahmen wir es kaum wahr, unter welchen Bedingungen sie das alles bewerkstelligte. Meine Welt bestand im wesentlichen darin, die Stunden in der Schule hinter mich zu bringen und anschließend mit den Nachbarskindern was zu unternehmen. Zum Beispiel Völkerball haben wir sehr gemocht. Im Sommer haben wir manchmal die Obstbäume in den Nachbarsgärten geplündert, obwohl wir das besonders von unserem Vater ganz streng verboten bekamen. Einmal hat mein kleiner Bruder Siegfried deswegen so sehr den Hintern versohlt bekommen, daß er sich dabei in die Hosen gemacht hat.

Da hätte ich am liebsten mit meinem Vater dasselbe gemacht.

Kinderfest am Lieper Weg

Wir haben die unmöglichsten Dinge gegessen, wie Sauerampfer und Rhabarber, obwohl man davon stumpfe Zähne bekommen hat. Die Schalen von Orangen. Oder die Früchte von dem Maulbeerbaum, die besonders gut schmeckten, wenn sie schon Frost abbekommen hatten. Das wir von dem Zeug nicht krank geworden sind oder Bauchschmerzen bekommen haben, war ein Zeichen, daß unser Immunsystem in Ordnung war, was ich nicht verschweigen will.

Unser Klo

Von den sauren Kruschkes (unreife Äpfel) haben wir schon mal Durchfall bekommen.
Das war weniger erfreulich, weil unsere Klos außerhalb der Wohnung lagen und keineswegs bequem waren, ganz im Gegenteil. Außerdem, das Zeitungspapier, das uns zur Reinigung zur Verfügung stand, war für unsere zarten Popos nicht so angenehm. Unsere Enkel können sich das gar nicht vorstellen, im Winter in der eisigen Kälte sein Geschäft zu erledigen.
Außerdem war es ein Plumpsklo. Im Winter bei eisiger Kälte, z. B. bei -20 bis -30 °C, mußte man fix sein, damit einem der Hintern nicht angefroren ist. Mit Lektüre auf dem Scheißhaus, das war nuscht nich, würde ein Ostpreuße sagen. Hinzu kam, daß man diese »Kammern«, wie wir sie nannten, selber säubern mußte. Dafür war natürlich mein Vater zuständig. Mit diesem Schiet hat er dann unseren Garten und die Äcker gedüngt. Wir hatten erstklassiges Gemüse und riesige Kartoffeln geerntet, und wir sind alle noch am Leben, aber das sagte ich ja schon.

Die Winter, ich muß mich wiederholen, waren eisig kalt. Morgens waren die Fenster zugefroren und dick mit Eis bedeckt. Wir hauchten mit unserem warmen Atem Löcher, um hinauszuschauen. Ganz früh, wenn Papa vom Nachtdienst kam, brachte er einen Armvoll Holzscheite, auf denen noch der Schnee lag, ins Wohnzimmer, und der Kachelofen, ein Prachtstück, wurde angeheizt. Ein schönes Gefühl, wenn man das Holz im Ofen knistern und knacken hörte.

Da wir einen langen Schulweg hatten, mußten wir sehr früh aufstehen. Wenn die Wege noch nicht geräumt waren, kamen wir zu spät und mit nassen Klamotten in die Schule. Doch da waren die Lehrer großzügig und hatten Verständnis dafür.

Für Mützen und Handschuhe sorgte unsere Mutter. Von den Kaninchenfellen, die mein Vater gerbte, hat Mama Handschuhe, Mützen und Muffs genäht. Mit diesen Sachen ausgestattet, haben wir nicht gefroren. Manchmal hatten wir Glück und wurden mit einem Schlitten mitgenommen, das geschah jedoch leider sehr selten. Von dem nahegelegenen Bauernhof holte einer von den Knechten mit einem flachen Schlitten Abfälle aus dem Krankenhaus für die Schweine. Mit diesem, wenn wir ihn erwischten, wurden wir auch schon mal mitgenommen und konnten uns an den Tonnen festhalten Die haben allerdings arg gestunken und wir dann auch. Die armen Lehrkräfte, die den Geruch aushalten mußten.

SCHULZEIT

Im April 1934 kam ich in die Sackheimer Liszt-Schule. Hier sollte ich zunächst eine unangenehme Erfahrung machen. Die Lehrerin, Fräulein Kecker, eine hochbetagte, alte Schrulle, in schwarzer, langer Kleidung und um ihren Kopf einen Haarzopf geschlungen, schaute nicht vertrauenerweckend aus. Auf alle Fälle habe ich sie so in meiner Erinnerung. Gleich in den ersten Tagen bekamen wir ihre strengen Erziehungsmethoden zu spüren. Jeden Morgen mußten wir im Gänsemarsch an ihr vorbeimarschieren, die Hände ausgestreckt und oben auf ein reines Taschentuch. Und die Fingernägel rein und kurz geschnitten. Meine waren nicht immer so, wie sie es haben wollte. Meine Mutter hatte andere Sorgen, als ständig nach unseren Nägeln zu schauen. Tafel, Griffel und Schwamm mußten in einem ordentlichen Zustand sein.

Hildes erster Schultag

Dagegen ist auch nichts einzuwenden. Doch wenn eins dieser Dinge nicht in Ordnung war, bekam man mehrere Schläge mit dem Rohrstock auf die offene Handfläche. Zum Glück durfte man die Linke nehmen, sonst hätte man den Griffel nicht halten können. Auch wenn die Hausaufgaben nicht ordentlich waren oder sie uns beim Schwätzen erwischte, bekam man den Rohrstock zu spüren. Hier fing ich an, diese hartherzige Frau zu hassen, und ich hoffe, daß diese Hexe in der Hölle schmort. Zu Hause wagte ich nicht, diese Mißhandlungen zu erzählen, weil ich dachte, daß das so sein müßte und zur Schule dazugehört.

Ich hatte mich so auf die Schule gefreut, um lesen zu lernen und die vielen Bücher mit wundersamen Geschichten und Märchen zu lesen. Doch bis dahin sollte noch viel Wasser den Pregel durchfließen.

In den ersten zwei Jahren hatte ich Religion, Turnen, und Musik am liebsten. In den Fächern hatten wir andere Lehrerinnen, die nicht so grausam waren.

45

Die schönste Geschichte in Religion war für mich »Lasset die Kindlein zu mir kommen und wehret ihnen nicht, denn ihrer ist das Himmelreich«. Überhaupt war ich sehr angetan von den Geschichten über Jesus. Leider bin ich viele Jahre, durch die Hitlerjugend, von der Religion abgekommen. Es tut mir heute noch leid, daß ich meinen Pfarrer Link, der mich konfirmiert hat, beim Unterricht geärgert habe. Wir hatten fast alle nur Blödsinn im Kopf und haben den Worten des Pfarrers kaum gelauscht.

Nach zwei Jahren Liszt-Schule kam ich in die Horst-Wessel-Schule, die man in das Siedlungsgebiet, welches ganz in unserer Nähe lag, gebaut hatte. Hier war meine Lehrerin Frau Bandemer, eine große und kräftige Person. Mit fleischigen Händen, die man zu spüren bekam, wenn sie einem eine Ohrfeige verpaßte, doch das war nicht so arg wie der Rohrstock.

Der Unterricht war interessanter, und da ich nicht mehr so Angst hatte, wurden meine Noten viel besser. Ich liebte zum Beispiel die Stille, wenn wir ein Diktat geschrieben haben oder Schönschrift, was es heute schon längst nicht mehr gibt.
Als ich dann lesen konnte, habe ich mein Lesebuch fast auswendig hersagen können, so oft habe ich es gelesen. In dieser Schule lernte ich Doris kennen, von ihr werde ich noch einiges erzählen.

Einmal im Jahr kam der Zahnarzt in die Schule, um zu sehen, ob wir Löcher in den Zähnen hatten. Wer einen Defekt hatte, wurde von einer Schwester in den folgenden Tagen abgeholt.
Wie auch anders, ich hatte natürlich ein Loch und mußte mit, ob ich wollte oder nicht, zu diesem Zahnklempner. Ich hatte eine Heidenangst. Allein die Instrumente flößten mir

schon Angst ein. Auf dem Weg dorthin überlegte ich, an welcher Stelle ich am besten ausbüxen könnte. Die Praxis befand sich in der Nähe des Sackheimer Tores, und der Weg nach Hause ging auch durch dieses rettende Tor. Bevor wir in den Garten des Doktors gingen, machte ich einen Schwenker zum Tor und rannte wie von der Tarantel gestochen durchs Glacie nach Hause. Welche Hilfe ich erwartete, war mir gar nicht bewußt. Außer Puste kam ich in die Küche, dort am Tisch saß mein Vater und las die Zeitung.

»Wo kommst du her und wo ist dein Ranzen?« fragte mein Vater.

»Der Zahnarzt will mir die Zähne ziehen«, erklärte ich ihm.

»So ein Unsinn«, sagte er.

Dann kam, was ich am allerwenigsten erwartet hatte. Er legte seine Zeitung beiseite, nahm mich an die Hand und ohne viele Worte marschierten wir den Weg, den ich vorher so schnell wie der Wind gelaufen war. In diesem Moment haßte ich diesen Vater, der mich zum Zahnarzt schleppte. Er tat so, als ob wir zum Jahrmarkt gingen. Ich fühlte mich total verlassen und verraten. Später war ich ihm sogar noch dankbar, denn es hat überhaupt nicht wehgetan.

Ich habe übrigens mit 16 Jahren eine Lehre als Zahnarzthelferin begonnen.

Eine andere Episode war wesentlich arger. Genau wie unsere Zähne wurden unsere Köpfe nach Einwohnern abgesucht. Wie nicht anders zu erwarten, ich hatte auch Läuse. Wäre ja auch ein Wunder, wenn ich keine gehabt hätte. Ich glaube, ich hatte alles, was nichts taugte.

Meine Mutter war nicht belustigt, sie sagte, »Das kommt nur davon, weil du überall rumturnst.«

Im gewissen Sinne hatte sie sogar recht. Sie holte aus der Apotheke eine stinkende Flüssigkeit, mit der mein Kopf eingerieben wurde. Sie sagte, das mußt du aushalten, es wird jetzt sehr brennen. Ich dachte, jetzt werden die ganzen Haare verbrennen, so unangenehm war das. Anschließend hat Mama mit einem eisernen Kamm die Biester rausgekämmt. In der Schule mußte ich 14 Tage allein auf einer Bank sitzen und niemand hat mit mir gespielt. Das war eine schlimme Zeit und da habe ich viel geweint. Doch was noch schlimmer war, Papa hatte mir den Kopf kahl geschoren und ich sah aus wie ein Junge. Bis die Haare nachgewachsen sind, habe ich eine Mütze getragen.

Auch diese traurigen Tage gingen vorüber und die Klassenkameraden nahmen mich wieder in ihren Kreis auf. Auch in den Pausen durfte ich wieder mitspielen. Spiele, die man heute fast nicht mehr kennt. Wie zum z. B. »Rote Kirschen esse ich gern«! oder »Madel heirat mich ich bin ein Bauer«. Das waren praktisch Volkstänze und uns Mädchen hat das gefallen. Heute würden sich die Mädchen kaputtlachen, wenn wir ihnen das vorschlagen würden.
Wir waren mit unseren 10–12 Jahren noch die reinsten Kindsköpfe, doch geschadet hat es uns nicht. Sicher haben wir auch nach den Jungs geschielt, aber das war alles ganz harmlos.

In der Horst-Wessel-Schule waren inzwischen so viele Schüler, so daß ich wieder in die Liszt-Schule zurückgeschult wurde. Zum Glück war die Kecker entlassen worden, weil sich doch einige Eltern über ihre Methoden, die Kinder mit dem Rohrstock zu schlagen, beschwert hatten.
Nun bekam ich den Lehrer Arendt, wir nannten ihn nur Ali. Er war auch nicht gerade das Gelbe vom Ei und so um die 60 Jahre. Die jungen Lehrer hatte man alle zum Militär eingezogen.
Dieser Ali hatte eine glänzende Glatze, über die er sich im Laufe des Unterrichts des öfteren streichelte. Was wir alle ekelhaft fanden, in einer Ecke des Klassenraumes stand ein

Spucknapf, den er häufig und geräuschvoll benutzte. Nur gut, daß man diese Dinger abgeschafft hat. Eigentlich war Ali nur Musiklehrer, doch im Krieg wird aus der Not eine Tugend. Er unterrichtete uns auch in Deutsch und Geschichte. In Deutsch haben wir ein halbes Jahr die Glocke von Schiller durchgenommen, und, welch ein Schwachsinn, wir mußten sie auswendig lernen. Und in Geschichte die Schlesischen Kriege. Dieser Mann war in der Tat kein guter Pädagoge, aber die Schule hatte keinen anderen. Er wurde dann vom Schuldienst suspendiert, weil er sich einer älteren Schülerin unsittlich genähert hatte.

Für uns ein Glück, denn von nun an wurden wir von der Direktorin unterrichtet, Frau Gehrke. Sie war eine gute und gerechte Lehrkraft und in den letzten eineinhalb Jahren, die wir noch bei ihr Unterricht hatten, haben wir mehr gelernt, als die ganze Zeit mit Ali. Ich fühlte mich besonders wohl, weil sie mich von Anfang an mochte. Nun war das Lernen wieder eine Freude. Lehrkräfte können so viel kaputtmachen, aber einem auch neuen Auftrieb geben.

Es war ja Krieg, und da gelten andere Zustände. Unsere Schule wurde Lazarett, und wir mußten uns mit einer anderen Schule die Räume teilen. Durch diese Maßnahme hatten wir manchmal gar keinen Unterricht oder nur am Nachmittag. Wenn es keine Kohlen gab, saßen wir in Wintermänteln und mußten frieren.

HITLERJUGEND

Wie schon erwähnt, kamen die Mädchen mit 10 Jahren in die Hitlerjugend,»Jungmädel« und bei den Jungs »Jungvolk«. Ab 14 hieß es dann BDM, Bund deutscher Mädchen. Jeden Mittwoch und Samstagnachmittag hatten wir Dienst, d. h. wir hatten Sport, Singen, Spiele und politischen Unterricht. Die Lieder, die wir gelernt haben, waren zumeist Hitlerlieder, aber auch Volkslieder waren dabei. Bei großen Festen oder Kundgebungen, wie z. B. den Aufmärschen am 1 Mai, mußten wir in tadelloser Uniform erscheinen. Hier ein Bild, allerdings nur in der Bluse mit dem Emblem »Ost Ostland«.

Hilde als Jungmädel in Uniform

Mit 13 Jahren wurde ich zur Jungmädel-Führerin ernannt. Das war eine Auszeichnung und es wäre ein Fehler gewesen, wenn man es abgelehnt hätte. Dieses Führerin-Sein beschränkte sich fast nur darauf, den Beitrag von 10 bis 15 Mädchen zu kassieren, selten einen Heimnachmittag zu gestalten. Wir waren begeisterte Anhänger von dem Führer. Wahrscheinlich war das seine enorme Ausstrahlung, der wir geradezu verfallen waren. Außerdem hat man uns so beschäftigt, daß wir überhaupt nicht zum Nachdenken gekommen sind. Dieses Zusammensein in der Gruppe, die Gemeinschaft, und der Slogan »einer für alle, alle für einen« wurde uns deutlich bewußt gemacht und wir glaubten daran. In jungen Jahren ist man wie ein junger Baum, biegsam.

Die Sammelaktionen für die Winterhilfe war, warme Handschuhe und Schals für die Soldaten stricken, Kamille, Lindenblüten, Bucheckern, Ähren und Geld sammeln und weiß der Kuckuck was noch alles. Dies gab uns das Gefühl, gebraucht zu werden. Die Wichtigkeit unseres Handelns wurde uns vor Augen geführt. Wir waren im hohen Grade beeinflußbar. Ich vergleiche das heute mit einer Sekte, wo auch dieses Gruppendenken stattfindet, und junge Menschen sind dafür empfänglich, wenn sie das nicht in der Familie finden, Anerkennung und Geborgenheit.
Ich erinnere mich noch an den Tag, als Hitler nach Königsberg kam. Stundenlang haben wir auf dem Schloßhof gestanden und auf ihn gewartet. Einige Mädchen sind vor Erschöpfung zusammengebrochen und die Sanitäter mußten sie wegtragen. Und was war das Ende vom Lied? In einem offenen Wagen ist er an uns vorbeigefahren und ein kurzer Gruß vom Balkon, das war alles. Wir haben ihm zugejubelt und »Heil, Heil« gebrüllt. Total bescheuert. Wir waren stolz darauf, ihn gesehen zu haben. Aufgewacht bin ich erst, als ich 16 war.

Mein Vater war ein absoluter Gegner von Hitler, er nannte ihn nur den Massenmörder, deshalb hatten wir immer Angst, daß die Gestapo ihn eines Tages abholt. Das wäre auch fast passiert, wenn nicht der Direktor zu ihm gehalten hätte. Er hat gesagt »Wenn Sie mir den Flemming wegholen, muß ich die Fabrik schließen, er ist der einzige, der über alles Bescheid weiß.«

Zur Erklärung: Vater war von einer Nachbarin angezeigt worden (Frauenschaftsführerin). Er hat nämlich nie »Heil Hitler« gesagt. Diese Frau Kath, Friede ihrer Asche, sagte eines Tages zu ihm, als er mit »Guten Abend« grüßte: »Das heißt Heil Hitler, Herr Flemming.«

Ich traute meinen Ohren nicht als er sagte: »Sie können mich am Arsch lecken.«

Zu Hause sagte er immer, dieser Mensch bringt Unglück über unser ganzes Land. Und dieser Krieg ist nicht zu gewinnen, womit er in allem Recht behalten hat.

DORIS

Leider hat sich im letzten Schuljahr für mich etwas Unangenehmes ereignet, wodurch eine schlechte Note im Zeugnis in Betragen erfolgte. Gewöhnlich war mein Betragen in der Schule vorbildlich und die oberen Kopfnoten zierten immer nur Einser. Übrigens die einzigen in den Zeugnissen, die ich aufzuweisen hatte. Meine Mutter war deshalb nicht erfreut und fragte was geschehen sei. Nun mußte ich Farbe bekennen und erzählte die Geschichte mit Doris.

Ich saß mit ihr auf einer Bank zusammen, und um den Unterricht zu stören, weil sie nicht gelernt hatte, und wir eine Arbeit schreiben wollten, hatte sie einer Klassenkameradin den Füllhalter geklaut. Wenn so was passierte, wurden alle Taschen untersucht und die Arbeit wurde verschoben, denn der Dieb mußte ausfindig gemacht werden. Das Gemeine war, sie hatte den Füller in meine Schultasche verschwinden lassen. Meine Beteuerungen, daß ich es nicht gewesen sei, wurden nicht geglaubt, denn die Indizien sprachen gegen mich. Daß ich deshalb eine schlechte Note in Betragen bekommen würde, kam mir nicht in den Sinn und deshalb habe ich diese Geschichte zu Hause nicht erzählt. Das war ein Fehler, obwohl Doris später die Tat bei unserem Lehrer zugeben mußte, wurde das Zeugnis nicht korrigiert. Vor lauter Ärger habe ich dieses Dokument dem Feuer übergeben. Seit dieser Zeit hatte unsere Freundschaft einen Sprung.

Jedoch kann und will ich mich nicht von Schuld freisprechen, denn ich habe gewußt, daß Doris öfters was geklaut hat. Zum Beispiel bei EPA, einem großes Kaufhaus, hat sie immer etwas mitgehen lassen, zwar nur Kleinigkeiten, wie Radiergummi, Bleistifte, Blöcke usw. Aber ich war immer dabei. Wie sagt man so schön, der Hehler ist genauso schlimm wie der Stehler.

Einmal hat Doris in einem Fleischerladen ein ganzes Tablett mit Würstchen leergeräumt. Im Grunde genommen wollte sie nur eins oder zwei, doch die hingen alle zusammen, wie auf einer Schnur, und ich sah mit Entsetzen, wie ein Würstchen nach dem andern in ihre Tasche wanderte. Mir ist heute noch schleierhaft, daß die Verkäuferin das nicht bemerkt hat.

Im Park haben wir uns damit den Bauch vollgeschlagen, bis uns schlecht geworden ist, den Rest haben wir an die Enten auf dem Kupferteich verfüttert. Wir konnten sie ja nicht mit nach Hause nehmen. Während des Krieges haben Doris und ich bei unserem Kaufmann Lebensmittelmarken geklebt, und sie hatte auf den Regalen einen Karton mit

Schokolade entdeckt, der nicht zum Verkauf bestimmt war. Zunächst hat sie nur ein Stückchen abgebrochen, doch das wäre aufgefallen, deshalb hat sie die ganze Schicht herausgenommen. Doch wohin damit? Sie hat sie an die Seite ihres Schlüpfers getan, doch nicht bedacht, daß die Schokolade bei der Körperwärme schmilzt. Als wir auf unserem Geheimplatz, hinter der Kegelbahn diese Köstlichkeit essen wollten, sah es in ihrem Schlüpfer aus, als ob sie sich in die Hosen geschissen hätte. Wir haben so gelacht, daß uns die Tränen gekommen sind. Trotz der schlechten Note im Zeugnis war es eine herrliche Zeit mit ihr. Sie ist dann sehr krank geworden und kam in eine Heilanstalt. Am Anfang haben wir uns noch geschrieben, aber nach der Flucht nichts mehr von einander gehört.

Mit 15 Jahren habe ich meinen ersten Kuß bekommen. Rudolf Braun, ich hatte ihn im Tiergarten kennengelernt. Er war schon 20 und stand kurz vor seiner Einberufung als Soldat. Das heißt, er mußte zunächst in die Kaserne zur Ausbildung. Er sagte:»Jetzt kannst du mir doch wenigstens zum Abschied einen Kuß geben.«
Er war ja ganz nett, aber küssen mochte ich ihn nicht so gern. Dann habe ich es doch getan und ich fand es ekelhaft, denn er wollte mir seine Zunge in den Mund stecken, und dann roch er auch noch ganz stark nach Knoblauch. Zu Hause habe ich das meiner großen Schwester Elli erzählt, die sich darüber kaputtlachen wollte. Dann sagte sie auch noch, das ist das richtige Küssen. Wenn du mal richtig verliebt bist, wird es dir schon gefallen. Das wird mir nie gefallen, dachte ich. Viel später fand ich es dann doch ganz nett.

Harry Piehl, Edith, Ulla und Hilde (von links nach rechts)

KINDERLANDVERSCHICKUNG

Im dritten Reich gab es die Aktion »Kinderlandverschickkung«. Aus kinderreichen Familien bekamen Mädchen und Jungen in den Sommerferien die Gelegenheit zur Erholung, entweder in einem Kinderheim oder in einer Familie, die sich dazu bereit erklärt hatte, einem Kind die Möglichkeit zum Erholen zu geben. Ich hatte das Glück, mehrmals ausgesucht worden zu sein. Einmal war ich in einem Lebensmittel-Geschäftshaushalt in Angerburg (Ostpreußen), die haben mir soviel zu essen gegeben, daß ich in 4 Wochen rund und dick geworden bin. Dann war ich 1941 in Albeck

(Insel Usedom) in einem Kinderheim. Hier war das Essen nicht so üppig, aber satt geworden sind wir schon. Die Villa, in der wir wohnten, lag in der Nähe der Ostsee und es waren ereignisreiche und erholsame Wochen. Doch der Höhepunkt war Berlin 1939, kurz vor Beginn des zweiten Weltkrieges im Juli. Auf meinem Schein, den jedes Kind um den Hals gehängt bekam, stand die Adresse: »HARRY PIEHL, BERLIN, CHARLOTTENBURG«. Das war der berühmte Schauspieler.

Daß jedoch drei Mädchen die gleiche Adresse auf ihren Schildern hatten, stellte sich erst heraus, als wir in Berlin angekommen waren. Hinzu kam die Enttäuschung, denn wir wohnten nicht bei ihm in seiner Villa, sondern bei Familien, die uns betreut haben. Die Kosten hatte der Schauspieler allerdings übernommen. Wir wurden mehrmals von seinem Chauffeur abgeholt und in einem weißen, offenen Cabriolet durch Berlin zu den Sehenswürdigkeiten kutschiert. Auch nach Potsdam zur Garnisonskirche, wo wir das Glockenspiel hörten.

»Üb' immer Treu und Redlichkeit, bis an dein kühles Grab, und weiche keinen Finger breit von Gottes Segen ab«. Auch Sanssouci hat er uns gezeigt, und über den Alten Fritz einen Vortrag gehalten. Hier Bilder mit ihm und uns drei Mädchen in seinem riesigen Park.

Die Kleider und Hütchen, die wir anhaben, hat er uns gekauft. Mit seiner Frau, einer blonden Schönheit, sind wir in ein Kaufhaus, und dort wurden wir von Kopf bis Fuß eingekleidet. Mit seiner Frau waren wir auch des öfteren in einer Konditorei, wo wir Torte und Schokolade bekamen. Auch Spielzeug haben sie uns geschenkt. Es war schon ein tolles Erlebnis und wir haben gesehen, wie die Reichen leben. Als die Ferien fast zu Ende waren, hat der Krieg begonnen und wir konnten nicht nach Hause. Harry Piehl hatte sein Soll erfüllt und nun kamen wir jeder von uns in eine andere Familie.

Ich kam zu der Fabrikanten-Familie Blankenburg in der Kaiserallee 44. Was mich sehr beeindruckt hat, wenn man in das Haus reinkam, saß in einer Loge ein Portier. Alles war mit roten Teppichen ausgelegt, sogar die Treppe. In der Mitte von diesem Flur war ein Aufzug, der aussah wie ein Vogelkäfig, außerdem mit Gold verziert. Die Wohnung, ich konnte das gar nicht fassen, daß eine Familie soviel Zimmer hatte. Ich bekam eins für mich ganz alleine. Sie hatten zwei Kinder, Susi 6 Jahre und Fritz ungefähr 10 Jahre. Dann waren zwei Dienstmädchen, die uns jeden Abend gebadet haben, bisher hatte ich mich immer selber gewaschen, und ich fand das merkwürdig, mich waschen zu lassen, als ob ich drei Jahre alt wäre. Ich habe gesagt, wir baden nur am Samstag und waschen tu ich mich selber. Die Mädchen haben gelacht und gesagt, hier wirst du verwöhnt. Zum Frühstück bekam man die Brötchen (Schrippen) geschmiert. Zum Essen gab es ein Tuch, eine Serviette, das kannte ich doch von zu Hause überhaupt nicht und wußte nicht, was ich damit machen sollte. Ich sagte, so ein großes Taschentuch brauche ich nicht. Nun sagte der Vater, Herr Blankenburg, bei uns wirst du noch viel lernen. Sie behandelten mich, als ob ich ihr Kind sei und ich hatte gar kein Heimweh. Es war eine ganz neue Welt für mich. Die Mädchen haben das Essen serviert, sie selber aßen aber in der Küche. Ach ja, ich wurde auch angekleidet und ausgezogen, ich kam mir wie eine Prinzessin vor.
Da wir lange Zeit nicht nach Hause konnten, mußte ich in Charlottenburg auch in die Schule. Da ich schon soviel versäumt hatte und der Lehrplan ein anderer war, hatte ich Schwierigkeiten, überhaupt den Anschluß zu finden. In Königsberg wurde ich aus diesem Grund ein Jahr zurükkgestellt.

Doch noch mal zurück nach Berlin. An den Nachmittagen sind wir oft ins Olympiastadion und haben alle möglichen

Sportarten betrieben, und ich habe gestaunt, wie groß das Stadion war. Susi wurde oft von ihren Freundinnen eingeladen und ich durfte immer mit. Die waren alle genauso reich und hatten eine Menge Spielzeug. Doch sie haben überhaupt nicht damit gespielt. Ich war ja mit meinen 12 Jahren noch sehr kindlich und ich hätte gerne mit den schönen Puppen und Puppenstuben gespielt, aber Susi und ihre Freundinnen wollten nur immer Verstecken und blöde Pfänderspiele spielen. An meinem Geburtstag war ich immer noch in Berlin, und da habe ich viele Geschenke bekommen, unter anderem eine bildschöne Puppe. Im September sind wir wegen des Krieges, soweit ich mich erinnern kann, nach Blankenese, dort hatten die Blankenburgs ein großes Haus mit einem riesigen Garten, und dort war auch die Aluminium-Fabrik. Es muß Ende Oktober oder schon Anfang November gewesen sein, als ich endlich wieder nach Hause konnte.

Wenn mich die Familie behalten hätte, an diese Art zu leben hätte ich mich gewöhnen können. Meine ersten Worte, als ich nach Hause kam, waren: «Hier ist ja alles sooo klein!»

DER UNTERSCHIED

Seit dieser Zeit fing ich an, Unterschiede festzustellen. Was vorher unwichtig war, hatte plötzlich Gewicht. Ich sah einiges mit anderen Augen. Doris hatte eine Mutti und ich eine Mama. Die Mutter von Doris hatte eine Lockenfrisur und meine Mutter glatte und zu einem Knoten zusammengesteckte Haare. Mama hatte immer eine Kittelschürze an und Doris ihre war fein angezogen, wie die Mutter von Susi in Berlin. Auch die Wohnung bei den Falkenaus war schöner eingerichtet, vorher war mir das alles gar nicht aufgefallen. Doch trotz dieser Unterschiede: Wohl gefühlt habe ich mich bei uns zu Hause.

Mein erster Frisörbesuch war, als ich konfirmiert wurde. Vorher hat mein Vater mir immer die Haare geschnitten und so sahen sie dann auch aus. Auch meinen Brüdern schnitt mein lieber Vater die Haare, und das war immer Kahlschnitt. Deshalb hatten sie auch niemals Läuse. Am schlimmsten war diese komische Schere, mit der die Nakkenhaare ausrasiert wurden. Das hat oft weh getan. Wenn man nicht stillgehalten hat, war die Frisur im Eimer.

Neue Schuhe, das war auch so ein Kapitel. Meistens bekam man die von den größeren Geschwistern, denen sie zu klein geworden waren. Wenn sie kaputt waren, hat mein Vater sie besohlt. Es war schon erstaunlich, was meine Eltern alles konnten. Heute wäre das alles undenkbar. Mein erstes Paar neue Schuhe, es waren schwarze Lackschuhe, bekam ich von meiner Halbschwester Tutta, die schon Geld verdiente. Ich muß ungefähr 10 Jahre alt gewesen sein und ich bekam sie zu Pfingsten. Den Geruch von diesen neuen Schuhen habe ich heute noch in der Nase, und ich war so stolz auf sie und konnte sie immer nur betrachten. Dabei bin ich gegen einen Laternenpfahl gerannt und hatte eine dicke Beule am Kopf. Heulend bin ich heim gelaufen, wo Mama ein großes Messer nahm und gegen die Beule hielt. Als ich das große Messer sah, habe ich gedacht, sie will die Beule wegschneiden und habe geschrien wie am Spieß, so daß unsere Nachbarin angelaufen kam und wunder was dachte, das geschehen sein könnte. Wie konnte ich wissen, daß die Schwellung zurückgeht, wenn man die Breitseite des Messers dagegendrückt? Man muß sich zu helfen wissen, und da waren meine Eltern große Künstler.
Mama hat zum Beispiel nächtelang an der Nähmaschine

gesessen und für uns Mädchen zu Ostern oder Pfingsten neue Kleider genäht und für die Jungs neue Hosen. Wir sollten eben neben den besser Verdienenden nicht zurückstehen.

Unsere Ernährung:
Hauptnahrungsmittel waren Kartoffeln. Wir haben mindestens im Jahr 30 Zentner geerntet. Wie schon mal erwähnt, hatten wir einen großen Garten und mehrere Äcker gepachtet. Zum Teil waren die Kartoffeln auch für die Haustiere, die wir hielten. Natürlich wurde auch Gemüse angepflanzt. Unter anderem Weißkraut, das zu Sauerkraut verarbeitet wurde und in eine Tonne kam. Im Winter eine hervorragende Vitaminquelle und preiswert zugleich.

Trotz dieser sparsamen Ernährung war keiner jemals ernsthaft krank und Gewichtsprobleme waren für uns ein Fremdwort. Schon als kleine Kinder haben wir bei der Kartoffelernte mitgeholfen. Es war ein köstliches Vergnügen, wenn das Kraut verbrannt wurde und wir die kleinen Kartoffeln in die Glut warfen. Pechschwarz haben wir sie verzehrt, natürlich nur das Innere. Mit einem Handwagen, den Papa zog und die Jungs schieben mußten, gingen wir zu dem Keller, wo die Kartoffeln zum Überwintern eingelagert wurden. Dieser Keller war sehr tief und man mußte mit einer Leiter hinabsteigen. Später, im Krieg hat er als Luftschutzraum gedient. In unserer Küche war auf dem Fußboden ein Deckel. Wenn man den hochhob, war ein Keller darunter. In diesen kamen auch ein paar Zentner Kartoffeln rein.
Tagelang roch es dann bei uns nach frisch geernteten Kartoffeln.
Der Winter war gerettet. Im Stall ein fettes Schwein, das darauf wartete, geschlachtet zu werden. Hühner, die Eier legten, Kaninchen für einen Sonntagsbraten und Sauer-

kraut, Rotkraut, Wruken und auch anderes Gemüse in den Mieten. Und nicht zu vergessen, genug Holz für unseren herrlichen Kachelofen. Zu diesem Holz ist Folgendes zu erzählen. Wie ich schon erwähnt habe, arbeitete mein Vater in der nahegelegenen Zellstofffabrik, und jeder Arbeiter bekam jedes Jahr ein bestimmtes Deputat an Holzkloben, die man allerdings selber kleinsägen und auch hacken mußte. Als ich schon größer war, mußte ich manchmal mithelfen. Da haben mir oft die Arme weh getan, doch ich bekam Muskeln und konnte mich gegen die frechen Jungs wehren. Einmal hat mir der Manfred Projahn, der frechste Junge in unserer Straße, in den Bauch geboxt, daß mir die Luft weggeblieben ist. Dann habe ich ihn tüchtig verprügelt und ihm beinah ein Ohr abgebissen. Von da an hat er sich nicht mehr getraut, mich anzurühren. Ich war inzwischen auch mutiger.

PFLICHTJAHR

Nach der Schule mußten alle Mädchen ein Pflichtjahr beginnen, in einem Haushalt in der Stadt oder bei einem Bauern. Ich zog es vor, in der Stadt zu bleiben und bekam die Stelle bei Professor Karl Andree, auf den Hufen (Villengegend. Er war Direktor am Geologischen Institut und seine Frau, 20 Jahre jünger, Studienrätin. Sie hatten eine Tochter von 10 Jahren, Dore. Die Wohnung hatte 9 Zimmer. Das kleinste, das sogenannte Dienstmädchenzimmer, bekam ich. Gewöhnlich brauchte man nicht bei den Leuten zu wohnen, aber mein Zuhause war am anderen Ende der Stadt, und es wäre zu umständlich gewesen. Im herkömmlichen Sinne waren wir keine Dienstmädchen, aber die

Hilde am Ostseestrand in Cranz

Arbeit war die gleiche. Wir waren mehr Haustöchter und in die Familien integriert. Bei Veranstaltungen, Konzerten, Theaterbesuchen waren wir dabei. Auch wenn wir Ausflüge unternahmen, insbesondere an die Ostsee, das war des Professors Lieblingsort, aber nicht faul im Sand zu liegen, bewahre nein. Wandern und Steine suchen, besonders Bernstein, da war er total erpicht drauf. Dann bestaunte er mit seiner Lupe das Fundstück von allen Seiten. Angezogen war er wie ein Handwerksbursche und einen Rucksack für die gefundenen Schätze trug er auf seinem Rücken. Die Andrees hatten ein ganzes Zimmer nur mit Büchern. Da ich gerne an den Abenden las, suchte Frau Andree gute Literatur für mich aus. Das erste Buch, das sie mir gab, war Rose Bernd »Eine Warnung vor Verführung«. Mit der Tochter sollte ich zusammen Flötespielen lernen, doch diese quiet-

schenden Töne konnte ich nicht leiden und habe es bleiben-
lassen. Unsere Arbeitszeit begann morgens um 7.00 Uhr
und endete nach dem Abendessen, das war meistens 20.00
Uhr.

Gretel, Hilde und Elli in Neukuhren
(von links nach rechts)

Ein Zimmer war an eine Dame vermietet, sie arbeitete im
Auswärtigen Amt, Frl. Ihlefeld war ihr Name, und sie hat
mich beeindruckt. Sie war immer sehr geschminkt, elegant
gekleidet, trug Schuhe mit hohen Stöckelabsätzen, und ihr
Parfüm roch man schon von weitem. Was mich wunderte
war das Gedicht, das auf ihrem Nachttisch in einem silber-
nen Rahmen stand. Ich mußte lange darüber nachdenken
und habe es damals auswendig gelernt. Wer es geschrieben
hat, weiß ich nicht:

Wie ist der Mensch dem Menschen fern,
Viel näher ist's von Stern zu Stern.
Ach zwischen meinem Freund und mir,
Viel näher ist's mein Gott zu dir.
Wen küßte ich, wer stand mir nah?
Wie fremd wird alles, was geschah.
Ob wir uns küßten unterm Baum,
Die Ewigkeit verweht wie Traum,
Es hält kein Eid, es bleibt kein Wort.
Die Welle wandert fort und fort.
Wie kann es dir und mir geschehn,
Daß ineinander wir vergehen
Daß einer sich zu eigen gibt
Dem andern, wenn es Gott nicht liebt.
Es kann kein Mensch des andern sein,
Ich bin allein und du allein.

Im Sommer 1944 hatten wir ein großes Sportfest, bei dem
unser Gauleiter Erich Koch die Spiele eröffnen sollte. Es
war ein sehr schöner und warmer Sommertag und ich beschloß, lieber an die See zu fahren, als an diesem Sportfest
teilzunehmen. Am Nordbahnhof angekommen, sah ich
einige Jungs vom Streifendienst, ich dachte noch, was ist
denn da passiert? Da wurde ich schon aufgefordert, meinen Paß zu zeigen. Dieser wurde mir trotz Protest abgenommen, und ich mußte mich mit vielen anderen in dem
nahegelegenen Gefängnishof einfinden. Hier bekamen wir
ein Schreiben ausgehändigt, das wir im Stadion vorzuzei-
gen hatten, wo wir nach Beendigung der Spiele unsern Paß
wieder zurückerhalten würden. Außerdem sollten wir auf
dem schnellsten Wege nach Hause gehen und uns in unsere Uniform schmeißen. Viele Jugendliche wären lieber an
die See gefahren, und nun spürte ich zum ersten Mal, daß
auf uns Druck ausgeübt wurde. Der Bann hatte Angst,
unserm Gauleiter ein leeres Stadion zu präsentieren. Das

konne ja heiter werden, nun hieß es nicht mehr, ihr könnt, sondern ihr müßt. Auch die Filmvorführungen am Sonntag Vormittag. Propaganda-Filme, die uns beeinflussen sollten, mußten wir besuchen. Meine ehemaligen Klassenkameraden wurden eines Sonntags vom Streifendienst dazu abgeholt.

Zu dieser Zeit lernte ich Heinz Gehrke kennen. Es war im Filmtheater Alhambra auf dem Steindamm und bei dem Film »Der weiße Traum«. Er fragte mich, ob er mich begleiten dürfte, und da er mir sympathisch war, stimmte ich zu. Wir nahmen den Weg mit der Straßenbahn bis zum Königstor und liefen von da durch die Anlagen Richtung Lieper Weg, wo ich wohnte. Er sagte »Ich habe seit Tagen nichts gegessen«. Dann öffnete er seine Jacke und zeigte mir den Judenstern. Zunächst war ich sehr erschrocken, denn ein BDM-Mädchen durfte sich auf keinen Fall mit einem Judenjungen einlassen. Er sagte, er sei auf der Flucht und ob ich ihm helfen würde, für eine Nacht irgendwo unterzukommen. Er tat mir leid und ich überlegte, was zu machen wäre. Zunächst mußte ich ihm was zu essen besorgen und das konnte ich nur zu Hause. Meine Mutter war natürlich erschrocken, weil wir uns in Gefahr brachten, aber dann haben wir ihm erst mal was zu essen gegeben. In unserer Laube im Garten, sagte Mama, kann er eine Weile bleiben. Als es dunkel war, bin ich mit ihm hin. Mama gab ihm noch eine Decke und etwas Proviant. Man mußte ja sehr vorsichtig sein, denn den Nachbarn konnte man nicht mehr trauen. Am nächsten Morgen mußte ich wieder zur Arbeit, doch vorher wollte ich noch nach ihm schauen. Doch er war nicht mehr da, auf dem Tisch lag nur ein Zettel, auf dem nur das eine Wort stand: DANKE.

DR. HOFFMANN

Als ich das Pflichtjahr beendet hatte, wußte ich zunächst nicht, was ich beruflich beginnen sollte. Krankenschwester, mein Berufswunsch, konnte ich erst mit 18 Jahren anfangen. Als Übergang empfahl mir meine Schwester, ins Büro zu gehen, doch das war mir zu eintönig. Versuchen könnte ich es ja mal, dachte ich. Doch das war ein Reinfall, den ganzen Tag hinter dem Schreibtisch in einem düsteren Büro, fühlte ich mich wie ein Vogel im Käfig. Eine Woche, dann hatte ich die Nase voll. Beim Arbeitsamt gab mir eine nette Dame den Rat, es doch als Zahnarzthelferin zu probieren. Sie hätte gerade eine Stelle in der Junkerstraße, bei Dr. Helmut Hoffmann. Ich machte mich auf den Weg und der Doktor nahm mich sofort. Ich brauchte noch nicht mal mein Zeugnis zu zeigen, das nicht gerade glänzend war. Er sagte: »Ich schau mir den Menschen an und nicht ein Dokument«. Diesen Doktor fand ich gleich super. Er hätte mein Vater sein können, aber trotzdem schwärmte ich für ihn. Vielleicht als Vaterersatz, denn zu meinem eigenen hatte ich keine innere Beziehung. Die Arbeit machte mir großen Spaß. Die Praxis war auf das modernste eingerichtet und hatte den Ruf einer Schönheitspraxis. Wir hatten viele Prominente, insbesondere Schauspielerinnen, die sich durch eine gute Zahnprothese verschönern ließen. Ich war überrascht, wie es ein Gesicht wesentlich jünger aussehen läßt, wenn man einen guten Zahnarzt hat.

BOMBEN AUF KÖNIGSBERG

In dieser Zeit war ich rundum zufrieden, das sollte sich abrupt ändern. Im August 1944 ereigneten sich die zwei schlimmen Bombenangriffe auf Königsberg. Unsere schöne und alte Stadt, im Jahre 1255 vom Ritterorden gegründet, war dem Erdboden gleichgemacht. Schutt und Ruinen wohin man schaute. Tausende Tote, soviel Leid und Verzweiflung, wer das nicht miterlebt hat, kann das Ausmaß der Traurigkeit nicht ermessen. Was Menschen sich im Krieg antun, ist der reinste Irrsinn. Der Mensch hat keinen natürlichen Feind, deshalb muß er sich selber umbringen. Das geht nun schon seit Menschengedenken und wird niemals aufhören, bis es diese Spezies nicht mehr gibt. Vielleicht gibt es dann ein anderes Geschlecht Mensch, das nicht so kriegerisch veranlagt ist.

Wie schon gesagt, Kriege gibt es seit Menschengedenken, doch diese Bombenangriffe waren heimtückisch. Ganze Arbeit hat der Feind geleistet. Doch eins kann man nicht verhehlen, unsere Bomber haben dasselbe in England und in anderen Ländern verübt.
Die Bilder von unserer zerstörten Stadt sind in meinem Gedächtnis wie eingebrannt. Am Anfang dachte ich, das ist ein böser Traum und gleich wirst du erwachen, doch es war grausame Wirklichkeit. Jetzt beim Schreiben sehe ich alles noch einmal vor mir.

Da unsere Praxis mitten in der Stadt gelegen war, gab es da nur noch Schutt, wir haben versucht, von den Instrumenten ch irgendwas zu finden, doch das war Illusion. Kurz danach hat unser Chef eine stillgelegte Praxis auf den Hufen (Villengegend) gefunden. Hier waren seltsamerweise einige Villen stehengeblieben. Diese Praxis war total unmodern und die Räume düster und klein. Hier war nun meine neue Arbeitsstelle und ich wohnte leider am anderen Ende der Stadt und zwar in Liep. Jeden Morgen bot sich mir nun das gleiche schreckliche Bild, wenn ich mit der Straßenbahn zu meiner Arbeitsstelle fahren mußte. Ruinen, nichts als Ruinen. Ich hatte keine Lust mehr, zu dieser ungemütlichen Arbeitsstelle zu fahren.

Die Entscheidung wurde mir abgenommen, denn ich bekam den Einberufungsbefehl zum RAD (REICHSARBEITSDIENST), ursprünglich eine sechsmonatige freiwillige Maßnahme gegen die Verwahrlosung der arbeitslosen Jugend, 1935 im »Dritten Reich« eingeführt. Während des Krieges zur Pflicht erklärt und auf 12 Monate ausgedehnt. Zugleich zur Beeinflussung im nationalsozialistischen Sinne benutzt und zur militärischen Ausbildung mißbraucht.

R.A.D.

Der Termin war der 8. November, wo ich mich in Guhringen (Ostpreußen) einzufinden hatte.

Als ich meinem Chef den Einberufungsbefehl zeigte, sagte er:»Ich werde versuchen, Sie davon zu befreien«.
Doch damit hatte er keinen Erfolg. Meine Mutter war geschockt, denn ich war die Einzige, die noch zu Hause war. Zwei Brüder waren in Russland vermißt, mein Vater in

Gefangenschaft. Eine Schwester in Danzig dienstverpflichtet. Siegfried, unser jüngster Bruder, im KLV-Lager und eine Schwester mit ihrem Kind evakuiert. Kein Wunder, daß Mama unglücklich und traurig war. Für mich war es eher abenteuerlich und ich dachte, mal schauen, was da auf mich zukommt. Daß eineinhalb Jahre vergehen sollten, bis ich meine Familie wiedersehen würde, wer konnte das schon ahnen.

Der 8. November rückte heran und es hieß Abschied zu nehmen. Als ich morgens in aller Herrgottsfrühe von zu Hause aufbrach, war ich gar nicht mehr so überzeugt, zu einem Abenteuer aufzubrechen. Es war ein typisch naßkalter und nebliger Novembertag. Mama hatte darauf bestanden, mich zum Bahnhof zu begleiten. Eigentlich mochte ich keine großen Abschiedsszenen, doch was macht man gegen ein liebendes Mutterherz? Bis zum Sackheimer Tor waren es 15 Minuten Fußmarsch. Wir sprachen sehr wenig, denn uns beiden saß ein Kloß im Hals, obwohl ich das nicht wahrhaben wollte. Zum Glück fuhren wieder die Straßenbahnen. Bis zum Hauptbahnhof waren es immerhin ein paar Kilometer. Viel Gepäck hatte ich nicht, denn in dem Lager würden wir von Kopf bis Fuß eingekleidet werden. In dieser frühen Morgenstunde sah die Stadt noch viel trostloser aus. Ich mußte an die Verse von Schiller in seiner Glocke denken »Aus den öden Fensterhöhlen wohnt das Grauen«.

Damals konnte ich nicht ahnen, daß es das letzte Mal sein sollte, meine Heimatstadt zu sehen. Nun standen wir zitternd und frierend auf dem Bahnsteig. Was sollte man noch sagen? Meine Mutter sagte, was sie immer zu sagen pflegte:»Paß schön auf dich auf und zieh dich warm an.«
Endlich kam der Zug. Eine letzte Umarmung und ich stieg ein. Mama weinte und ich mußte auch mit den Tränen

kämpfen. Der Zug setzte sich in Bewegung und es zerriß mir das Herz, Mutter weinend und allein zurückzulassen. Zum Glück stieg bei der nächsten Station ein Mädchen zu und kam in mein Abteil, und dann stellte sich heraus, daß wir das gleiche Ziel hatten.

Gisela, wohnhaft im Stadtteil Ponarth, hatte tatsächlich das gleiche Ziel wie ich. Eine lange Bahnfahrt stand uns bevor, so hatten wir genügend Zeit, uns zu beschnuppern und näher kennenzulernen. Eine ganze Weile war nur ich am Erzählen, derweil Gisela mir geduldig zuhörte. Als sie anfing, von sich zu sprechen, merkte ich, daß sie einen Sprachfehler hatte, und zwar lispelte sie ein wenig, deshalb ihr langes Schweigen. Sie hatte Angst, ausgelacht zu werden, was in der Schule oft geschehen war. Kinder können sehr grausam sein, das hatte ich selber oft erfahren müssen. Langsam taute sie auf, als sie merkte, daß ich sie mochte. Wir hatten uns viel zu erzählen. Später sind wir gute Freundinnen geworden, bis zu dem Ereignis, daß uns voneinander trennte. Doch ich will nicht vorweggreifen.

In Marienburg mußten wir umsteigen in einen Bummelzug. Alle Nase lang hat er gehalten und ruckelte fürchterlich. Wer weiß, was das für ein altes Vehikel war, das sie in dieser trostlosen Gegend einsetzen konnten. Am späten Nachmittag trudelten wir in Guhringen ein. Der Regen war noch stärker geworden und es begann dunkel zu werden. Guhringen, ein Nest am Arsch der Welt, dachte ich. Von der Sonderführerin, Elvira Wiens, so stellte sie sich vor, wurden wir abgeholt. Sie erzählte uns was über das Lager, doch wir waren damit beschäftigt, auf den Weg zu achten, denn durch den Regen wateten wir nur durch Pfützen und Matsch. Mit unseren leichten Schuhen versanken wir fast bis zu den Knöcheln. Bis zum Lager waren es ca. eineinhalb Kilometer Fußmarsch. Mein Koffer wurde mir bei jedem

Schritt schwerer. Das konnte ja heiter werden. Wie zwei Strafgefangene trotteten wir dahin. Endlich sahen wir die Lichter von dem Lager. In diesem Moment fand ich alles zum Kotzen. Wir wurden schon erwartet, denn die anderen Mädchen aus allen Teilen Deutschlands waren bereits eingetroffen. Wir zwei waren die Letzten.

LAGERLEBEN

Nach dem Abendessen wurden wir in die Kameradschaften, so wurden die Räume genannt, in denen wir schliefen und wo unsere Spinde standen, gebracht. Gisela und ich kamen in die größte. Hier waren 12 Betten, jeweils zwei übereinander (Holzgestelle). Sie waren bestückt mit Strohsäcken, die wir selber füllen mußten, genauso das Kissen. Karierte Bettbezüge und eine Wolldecke. Vor jedem Bett stand ein Hocker und in der Mitte des Raumes ein Kanonenofen. Die Spinde waren ca. 180 cm hoch und etwa 60 cm breit.

Noch am gleichen Abend wurden wir eingekleidet. Angefangen von der Unterwäsche bis zum Wintermantel und sogar ein Hütchen. Unsere Zivilkleidung kam in die Koffer und diese auf den Boden. Dort entdeckten wir nagelneue Fahrräder, die wir leider niemals benutzen konnten. Die Russen werden sich gefreut haben, als sie einige Wochen später in Guhringen einmarschiert sind.

Zurück zu unserer Uniform: die Schlüpfer. Beim Anprobieren sind uns vor Lachen die Tränen gekommen. Solche Riesenbomber haben noch nicht mal unsere Großmütter getragen. Die tollste Reizwäsche, muß man sagen. Damit würde man jedes Mannsbild abschrecken. Die kleineren Mädchen, darunter auch ich, mußten die gesamte Oberbekleidung kürzen. Dazu hatten wir an den nächsten Abenden Gelegenheit.

Der Tag begann um 6.00 Uhr früh mit Wecken, auf zum Frühsport bei jedem Wetter. Die Waschräume befanden sich im Keller, und natürlich kalt waschen, da wurde man gleich munter – igittigitt! Warmes Wasser bekamen wir nur am Abend, wenn wir von den Bauern kamen. Vor dem Frühstück Appell. Die Führerin vom Dienst inspizierte die Räume. Das Bett mußte so gemacht sein, als ob man überhaupt nicht darin geschlafen hätte. Nur eine Delle und schwups wurde alles auseinander gerissen und man mußte von vorne anfangen. Das gleiche geschah mit dem Spind. Zentimeter genau mußte die Wäsche übereinander gestapelt sein, sonst zog die Führerin das Unterste zuoberst. In den ersten Tagen wurde so manches Bettzeug und mancher Schrankinhalt zum Ärgernis. Schließlich hatten wir eines Tages den Dreh raus und es geschah nur noch sehr selten. Ja, Ordnung mußte sein, Disziplin wurde erwartet und Gehorsam verlangt ohne Widerworte!!! Die reinste Schikane und in meinen Augen bescheuert.

Der Tag war gut durchstrukturiert, kaum Zeit zum Nachdenken und für Gefühle. Nach dem Frühstück, das einfach und immer zu wenig war, mußten wir zur Fahne schreiten, die jeden Morgen gehißt wurde. Wir bildeten einen Kreis um den Fahnenmast, und während die Fahne von einer Führerin hochgezogen wurde, las eine Maid oder Führerin einen Spruch von Vaterland und Treue vor. Um nur diesen einen zu nennen:

Nichts kann uns rauben Liebe und Glauben zu unserm Land.
Es zu erhalten und zu gestalten, sind wir gesandt.
Mögen wir sterben unseren Erben gilt dann die Pflicht,
Es zu erhalten und zu gestalten, Deutschland stirbt nicht.

Dann Abmarsch zu den Bauern. Die Höfe lagen kilometer-
weit auseinander, und bei eisiger Kälte haben wir trotz warmer Kleidung gefroren. Eine Maid von jeder Kamerad-
schaft durfte im Lager bleiben und mußte für Sauberkeit,
Ordnung, Heizmaterial, Bügelzimmer und für warmes
Wasser sorgen und in der Küche helfen. Jede Woche wurde
gewechselt und diese Art des Dienstes haben wir alle gerne
getan.

Bei den Bauern war gottlob zu dieser Jahreszeit wenig zu
tun. Manchmal haben wir nur im Haushalt mitgeholfen.
Zuweilen auch in den Ställen, wie beim Dreschen oder
Rüben zerkleinern. Doch auch Ausmisten kam schon mal
vor, was nicht gerade angenehm war, aber das gehörte einfach dazu.

Einmal wollte mir ein Bauer das Melken beibringen.
»Komm Marjelchen, ich will dich das lernen«, sagte er. Er
nahm einen dreibeinigen Hocker und sagte:»Nu huck dich
man hin und ich zeich es dich.« Er setzte sich auf so ein
wackliges Ding und fing an zu melken. Die Milch strahlte
nur so in den Eimer. Es sah kinderleicht aus, und ich dachte, das kann ich auch. Ich nahm die Zitzen in die Hand, wie
mir der Bauer das gezeigt hatte, und zog und zog, aber
nicht ein Tropfen kam heraus. Der Kuh müssen meine
Bemühungen nicht gefallen haben, denn sie machte einen
Schwenker und schlug mir mit ihrem beschissenen
Schwanz ins Gesicht, dabei bin ich mit dem Hocker in den
Mist gefallen, und der Bauer wollte sich ausschütten vor
Lachen. Damals waren die Kuhställe noch ganz schön

dreckig und ich stank nach Kuhmist. Später habe ich das Melken doch noch einigermaßen gelernt.

Auf einem Hof war eine dicke Russin, sie war eine Zwangsarbeiterin und ihr Gesichtsausdruck war meistens sehr mürrisch. Dies änderte sich, wenn sie am Küchentisch saß und sich eine Zigarette drehte. In Zeitungspapier wickelte sie undefinierbare Kräuter, rollte sie zusammen, so groß wie eine Zigarre, leckte an den Rändern und klebte sie zu. Dann zündete sie sie an und rauchte genüßlich, dabei veränderte sich ihr Gesichtsausdruck zu einem zufriedenen Lächeln. »Maruschkachen«, sagte sie zu mir, »komm, zieh mal, dann wird dir gleich warm um de Brust.«
Um ihr einen Gefallen zu tun, nahm ich vorsichtig einen Zug. Daß ich daran nicht erstickt bin, grenzt an ein Wunder. Ich kam aus dem Husten nicht heraus. Es schmeckte schauderhaft. Die Russin hat sich auf ihre dicken Schenkel geklopft und schallend gelacht. Nie wieder würde ich aus Freundlichkeit so etwas tun.

An manchen Tagen war ich sehr unzufrieden und Gisela ging es auch nicht besser. Wir malten uns aus, wie es wäre, wenn wir Frieden hätten. Wo wir dann sein würden? Vielleicht am Abend in einem Ballsaal schwebend beim Tanz mit einem jungen Mann, in den wir verliebt wären. So träumten wir und ließen unserer Phantasie freien Lauf.

Viele Jahre später habe ich gedacht, daß es alles so hat kommen müssen. Ich meine nicht den Krieg, aber den Werdegang beim RAD und die gesamte Zeit bis zur Zusammenführung mit meinen Angehörigen. Ich bin davon überzeugt, daß viele Dinge im Leben eines Menschen geschehen müssen, um ihn für das Dasein stark werden zu lassen, für die Zeit, die einem der Herrgott zugedacht hat.

Es gibt keine Sonne ohne Schatten. Keinen Tag ohne Nacht.
Keine Freude ohne Leid.
Gerade diese Gegensätze machen das Leben aus.

Das Lager bestand aus drei Gebäuden. Hauptgebäude,
Wirtschaftsgebäude und der Trakt, wo wir geschlafen
haben.
Wenn wir von den Bauern ins Lager zurückkehrten, bekamen wir warmes Wasser, um uns frisch zu machen. Unsere
Arbeitskleidung mit anderen Sachen wechseln, und gleich
fühlte man sich wohler. Nach dem Abendessen wurde Ver-
schiedenes unternommen. Näharbeiten, Briefe schreiben,
Singen, Spielen, auch politischer Unterricht gehörte dazu.
Dieser Krieg war unser aller Kummer und Problem. Wir
haben viel und lange darüber diskutiert, und versucht, uns
damit auseinanderzusetzen. Bei allen unseren Bemühungen zu verstehen, warum es überhaupt Kriege geben müs-
se, kamen wir nur zu dem Ergebnis, daß es seit Menschengedenken immer diese Auseinandersetzungen gegeben
hat. Und bei jedem Krieg werden die Waffen grausamer.
Sogar die Kirche hat sich davon nicht ausgenommen. Man
muß nur an die Inquisition denken, da kommt einem das
Grauen, was da im Namen Gottes an Unrecht geschehen
ist. Und solange der Mensch sein Denken nicht ändert, wird
es weitergehen. Im Kindergarten, in der Schule, im Elternhaus fangen doch diese Kämpfe schon an. Da braucht man
sich nicht zu wundern, wenn es in der großen Weltge-
schichte mit dem Frieden nicht funktionieren kann. Bei all
diesen Diskussionen sind Emotionen wach geworden,
Wutausbrüche, Tränen und Verzweiflung. Insbesondere
bei den Mädchen, wo ein Familienmitglied verwundet oder
gefallen war. Wir haben Aufsätze darüber geschrieben und
konnten unserem Zorn Ausdruck verleihen. Diese Zeit der
Auflehnung und Hilflosigkeit ist mir noch ganz deutlich in
Erinnerung, deshalb diese Zeilen.

Doch nun wieder zu meinen Bauersleuten. Bei einer Stelle sagte die Bäuerin zu mir, als sie mich sah: »Ach Jott ach Jottchen, Marjellchen, an dir is ja rein nuscht nich dran, und du sollst uns beim Dreschen helfen«? Ich habe ihr dann bewiesen, daß ich gar nicht so schwach war. Ein Bauer war ganz schlau und wollte sich eine dralle Maid selber raussuchen. Unsere Lagerführerin sagte: »Lieber Mann, wir sind hier nicht auf dem Sklavenmarkt!«

Zu unserer Lagerführerin: Jutta Schneider war eine sehr sympathische, blonde, blauäugige, sportliche, schlanke und hübsche Person. Man merkt an meiner Beschreibung, daß ich sie sehr mochte, es grenzte schon fast an Verliebtheit. Eigentlich haben wir fast alle für sie geschwärmt. Es waren ja keine Männer da, also mußten wir gezwungenermaßen eine Frau anhimmeln. Das hat sich geändert, als wir nach einigen Wochen in die nahegelegene Kreisstadt fahren durften, das jedoch nur an den Wochenenden, an denen wir keinen Dienst hatten. In dieser Stadt befand sich ein Lazarett, und die Leichtverwundeten hatten dann auch Ausgang. An einem dieser Wochenenden habe ich Siegfried Müller kennengelernt. Ein hübscher und netter Junge, er war nur drei Jahre älter als ich und es war Liebe auf den ersten Blick, bei uns beiden. Er hatte eine Beinverletzung und sollte in den nächsten Tagen entlassen werden. Seine Eltern wohnten in Danzig-Langfuhr.
Viel zu wenig Zeit blieb uns für unsere Liebe. Ein paar Stunden, ein paar Küsse, mehr hatten wir nicht. Er mußte ins Lazarett zurück und ich ins Lager. Ein paar mal haben wir uns noch gesehen, dann ist er nach Danzig, Genesungsurlaub. Bis wir das Lager im Januar verlassen mußten, haben wir uns geschrieben. Viele Jahre später habe ich erfahren, daß er gefallen ist. Es hat nicht sollen sein, wer weiß, warum?

In unserem Lager war etwas geschehen, wovon ich ke Ahnung hatte. Zilly aus Berlin hat uns, d. h. einige von uns, aufgeklärt. In der Bügelkammer hatte man eine Maid und eine Führerin beim Liebesspiel entdeckt. Die Bezeichnungen »Lesben und Homosexuelle« waren für viele von uns fremde Begriffe. Und wir hatten auch kein Ahnung, daß das bei den Soldaten mit Degradierung bestraft wurde. Die Führerin ist versetzt worden und die Maid wurde nach Hause geschickt, so wurde es uns auf alle Fälle berichtet. Irgendwann haben wir erfahren, daß es diese Liebeleien in jedem Lager gegeben hat. Damals war das alles Tabu und kein Thema, über das gesprochen wurde.

In unserem Lager brach plötzlich eine Epidemie aus. Fast jede Maid hatte entweder Zahnschmerzen oder Blinddarmbeschwerden. Auch bei mir stellte ich diese Symptome fest. Man muß sich das ganz fest einbilden, und schon stellen sich solche Beschwerden ein. Obwohl unsere Lagerführerin Bescheid wußte, ließ sie alle zum Doktor gehen. Auch der Doktor kannte diese Krankheit ganz genau und hat jeder Maid den Kopf zurecht gerückt.
Wir wären alle gesund und munter und wollten uns nur zusätzlich einen Urlaubstag gönnen. Ja wir sollten uns schämen, seine Zeit unnötig in Anspruch zu nehmen. Damit war auch dieses Kapitel beendet

Weihnachten sollten wir alle Urlaub bekommen und nach Hause fahren dürfen. Doch kurz vor dem Abfahrtstermin kam eine Urlaubssperre. Zwei Wochen später wußten wir auch warum. Die Front rückte immer näher und durch Mundpropaganda erfuhren wir, daß der Russe schon in Ostpreußen einmarschiert wäre. Wenn sie uns jetzt Urlaub gegeben hätten, wäre keine von den Maiden zurückgekommen, das wußten die von der Leitung ganz genau.
Wir waren natürlich enttäuscht von dieser Maßnahme, aber

machtlos, etwas dagegen zu tun. Viele Mädchen waren todunglücklich, auch meine Freundin Gisela ist vor Heimweh krank geworden. Da ich schon öfters mehrere Wochen von zu Hause weg gewesen war, konnte ich die ganz Traurigen ein wenig trösten. Weihnachten war dann doch noch sehr schön. Die Führerinnen, die ja auch nicht nach Hause konnten, haben sich wirklich große Mühe gegeben und uns ein schönes Fest beschert.

Am Nachmittag des Heiligen Abend sind wir zu den Bauernhöfen und haben Weihnachtslieder gesungen. Keine christlichen, aber andere, doch auch sehr schöne.
Zum Beispiel: *Es ist für uns eine Zeit angekommen.*
Hohe Nacht der klaren Sterne.
Weihnachtszeit kommt nun heran
Stehn zwei Stern am hohen Himmel.

Wir wurden von den Bäuerinnen mit Plätzchen und Pfefferkuchen beschenkt. Auf dem Rückweg ins Lager hatte es angefangen zu schneien. Sanft und in großen Flocken fiel der Schnee zur Erde und verzauberte die Landschaft in eine Märchenwelt. Wir gingen schweigend und unsere Gedanken waren bei den Lieben daheim. Mag ja jeder denken was er will, aber Weihnachten hat etwas Mystisches. Wie man auch immer über diese Geschichte mit Jesus und dem Stern von Bethlehem denken mag. Dieses Ereignis ist nicht umsonst über den gesamten Erdkreis bekannt geworden. Für mich ist es ein besonderer Tag voller Gefühle und Empfindungen, die ich nicht mit Worten zu beschreiben vermag.

Im Lager angekommen, stieg uns ein Duft von Tannengrün in unsere roten und verfrorenen Nasen. In der Mitte unseres Aufenthalt-Raumes stand ein großer, reich geschmückter Weihnachtsbaum, der diesen sonst so tristen Raum in einen Festsaal verwandelt hatte. Hinzu kamen der festlich gedeckte Tisch, die bunten Teller, die flackernden Kerzen und, nicht zu vergessen, die Päckchen, die in den letzten Tagen aus der Heimat eingetrudelt waren. Nach dem reichlich guten Essen haben wir viele Lieder gesungen und Gedichte vorgetragen. Frau Schneider hat Weihnachtsgeschichten vorgelesen. Mucksmäuschenstill lauschten wir ihrer leisen und angenehmen Stimme. Dann ging es an die Päckchen von zu Hause. Klugerweise hatte man die Päckchen einige Tage zurückgehalten, so daß keiner leer ausgegangen ist. Wie zu erwarten, beim Auspacken der Päckchen gab es reichlich Tränen, doch es kam auch Freude auf, über die Gaben, die uns die Eltern geschickt hatten. Am ersten Feiertag hatten wir Ausgang, und diese Gelegenheit benutzten wir natürlich, um nach Freistadt zu fahren. Mit reichlich Kuchen und Plätzchen gingen wir in das Lazarett, denn dort lagen viele Verwundete, die überhaupt nicht aufstehen konnten und sich über unseren Besuch gefreut haben. Ich dachte voll Sehnsucht an Siegi, wer weiß wo er jetzt war. Sein letzter Brief war vor 14 Tagen gekommen, er war nach Frankreich versetzt worden.

Mein Gott, wie lange sollte dieser verdammte Krieg noch dauern? So gingen die Tage dahin und die Nachrichten verkündeten nichts Gutes. Der Russe kam immer näher ins Land. An einen Rückzug der russischen Armee glaubte schon lang keiner mehr. Es war nur noch eine Frage der Zeit, bis wir flüchten müßten. Und die kam schneller als wir gedacht hatten. Ungefähr um den 20. Januar 1945 hörten wir von weitem den Kanonendonner. Am selben Abend kam dann der Befehl, so schnell wie möglich das Lager zu verlassen. Am nächsten Tag ist keiner mehr in den Außendienst geschickt worden. Langsam bekamen wir es mit der Angst zu tun. Wenn wir denen in die Hände fallen, Gnade uns Gott.

FLUCHT

Die Bauern sollten nicht merken, daß wir das sinkende Schiff verlassen, weil sie sonst in Panik geraten könnten. Am späten Abend sollten wir das Lager verlassen. Wir mußten unsere Sachen packen und jede Maid bekam noch, zusätzlich zu den eigenen Sachen, etwas zu tragen. Unsere Zivilkleidung durften wir nicht mitnehmen, wer es trotzdem tat, mußte mit einer Strafe rechnen. Einige haben es trotzdem getan und ich auch.

Mit Gisela mußte ich zusammen zusätzlich das Radio schleppen. Seiten Speck, ganze Eimer mit Marmelade und Honig, Konservendosen mit Fleisch und weiß der »Deubel« was wir alles mitschleppten. Und jeder mußte ein Brikett mitnehmen, denn wir mußten in dem primitiven Wartehäuschen die Nacht zubringen. Hoffentlich konnte man den Ofen heizen. Ja man konnte, stellte sich heraus. Ungefähr um 21.00 Uhr verließen wir im Gänsemarsch das sinkende Schiff, so sagt man doch. Es war bitterkalt und zeitweise kam der Mond hinter den Wolken hervor, dann blieben wir wie angewurzelt stehen, bis er wieder hinter den dahinziehenden Wolken verschwunden war. In dem Wartehaus machte unsere Frau Schneider gleich Feuer im Ofen. Sie hatte an alles gedacht. Papier und Spänchen und bald prasselte das Feuer und es wurde warm. Auf dem Fußboden haben wir dichtgedrängt den Morgen erwartet.

In aller Frühe hörten wir einen Zug kommen, alles raus, doch welch eine Enttäuschung, er fuhr vorbei. Er war überfüllt mit verwundeten Soldaten. Der nächste etwas später war fast genauso voll, doch er hielt und wir haben uns recht und schlecht hineingezwängt. Was wir noch zu sehen bekamen, viele Pferdewagen, bepackt von oben bis unten, verließen das Dorf. Man hörte die Kühe brüllen, die darauf warteten, gemolken zu werden. Grausam auch für die armen Tiere, die unter diesem Krieg zu leiden hatten.

Der Zug war genau wie der vorherige mit Verwundeten und Flüchtlingen brechend voll. Das Jammern und Stöhnen der Soldaten zerriß uns das Herz, weil wir nicht in der Lage waren, ihnen in irgendeiner Form zu helfen. Krieg ist was Schreckliches! Auf den Straßen, an denen wir vorbeifuhren, ein Treck neben dem andern. Alle waren bestrebt, nach Westen zu ziehen, weil keiner dem Russen in die Hände fallen wollte. Und trotzdem haben es einige gewagt, in der Heimat zu bleiben, die aber dann den Haß der Feinde zu spüren bekommen haben, und manch einer wurde nach Sibirien verschleppt, vergewaltigt, totgeschlagen oder mißhandelt. Es war eben die Rache für das, was unsere Armeen sich zu Schulden haben kommen lassen. Doch darüber ist schon soviel geschrieben worden.

Als wir in Königsberg am Hauptbahnhof gehalten haben, wäre ich am liebsten ausgestiegen, um nach Hause zu rennen, die paar Kilometer auch zu Fuß. Doch eine innere Stimme hielt mich davon ab. Es wäre auch sinnlos gewesen, denn ich hätte niemand mehr angetroffen. Mama, die ja noch als letzte zu Hause war, hatte sich zu ihrer Schwester nach Medenau, in der Nähe von Pillau, begeben. Von dort sind sie dann mit dem Schiff über die Ostsee zur Insel Helena. Eigentlich, habe ich viel später erfahren, wollte meine Mutter mit meinen beiden Schwestern, die sich inzwischen getroffen hatten, auf die Gustloff, doch das Schiff war schon so überfüllt, und sie mußten auf ein anderes kleineres Schiff. ZUFALL? SCHICKSAL?
Nun wieder zu unserer Flucht. Ich kann es nicht mehr

genau sagen, wann wir in Danzig angekommen sind. Alles aussteigen, der Zug geht nicht weiter. Was uns hier erwartete, war ein heilloses Chaos. Bahnsteige, Treppen, Flure, alle Räume überfüllt mit verwundeten Soldaten, Flüchtlingen, wohin man schaute. Alte und Junge, Kinder, Säuglinge alles war auf der Flucht.

Ab und zu fuhr ein Zug, aber es war ein Gedränge und Geschubse, Schreien und Stoßen. Jeder war sich selbst der nächste. Dann heulten die Sirenen. Fliegeralarm. Auch das noch. Irgend so ein Idiot schrie doch tatsächlich, bringt euch in Sicherheit. So ein Blödsinn, wo sollte man sich hier in Sicherheit bringen? Hier hilft nur noch Beten, sagte eine Frau. Dann hörten wir die Einschläge, zum Glück weiter weg. Die Angst saß uns im Nacken und wir konnten nur warten, was in den nächsten Minuten geschehen würde. Endlich Entwarnung. Eine von uns, Wilma, war in Danzig zu Hause. Sie sagte:»Ich haue ab, der Krieg ist sowieso bald zu Ende« und verschwand. Von unserer Führerin war verabredet worden, wenn wir uns verlieren sollten, in Stettin zu warten, bis wir alle wieder zusammen wären.

Durch den Lautsprecher kam eine Durchsage: »Achtung, Achtung, vom Bahnsteig zwei wird ein leerer Zug nach Berlin eingesetzt.«

Alles was Beine hatte, rannte los. Gisela und ich, immer noch das blöde Radio, für das wir verantwortlich waren und nicht wagten, es stehen zu lassen, kamen noch mit Mühe und Not in den Zug rein. Zwischen zwei Waggons, (nannte man Ziehharmonika). Wir waren drin, alles andere war unwichtig. Abwechselnd benutzten wir nun das gute Radio als Sitz.. Obwohl es in diesem Teil des Zuges aus allen Ecken wie der »Deubel« gezogen hat, sind wir vor Müdigkeit, zum Teil auch auf dem Fußboden sitzend, eingeschlafen. Aufgewacht sind wir, als wir den Schaffner rufen hörten »BERLIN, alles aussteigen, Endstation«. »Du

Vaterland der Treue« hätte meine Mutter gesagt, sie sagte das immer, wenn etwas ungewöhnlich war.

Wir zwei Marjellchens standen ganz schön belämmert da. Von Berlin wieder zurückzufahren war nicht schwierig. In Stettin haben wir von unseren Mädchen niemand mehr angetroffen. Im Bahnhof war für uns eine Nachricht, wo wir uns auf dem schnellsten Wege in Neustrelitz zu melden hätten. Mit einem Bummelzug von anno Kruck, der nur auf beiden Seiten des Waggons Bänke hatte, kamen wir durchgeschüttelt in Neustrelitz an. In diesen Zügen haben die Bauern früher ihre Tiere befördern dürfen, hat uns ein Bahnbeamter belehrt. In Neustrelitz waren wir zunächst in einer Schule untergebracht, wo man in der Turnhalle Stroh ausgelegt hatte, damit wir nicht auf dem nackten Boden schlafen mußten.

WAREN-MÜRITZ

Dann bekamen wir den Bescheid, daß wir in einem Lager in der Nähe von Waren-Müritz aufgenommen werden. Dieses Lager war für so viele Mädchen nicht vorgesehen, und es wurde ganz schön eng. Insbesondere die Schlafräume waren in hohem Grade überfüllt und es kam zu Streitigkeiten. Aus diesem Dilemma herauszukommen, fanden die Führerinnen eine Lösung. Es wurden einfach einige Mädchen nach Berlin geschickt, wo es an Straßenbahn-Schaffnerinnen mangelte. Es gab ein Auswahlverfahren, und Gisela und ich waren dabei. Es war ganz gut so, denn in dem überfüllten Lager hat es uns sowieso nicht gefallen. Bis alle Formalitäten erledigt waren, vergingen noch ein paar Tage bis zur Abreise.

Hier noch eine Episode aus diesem Lager. In der Nähe befand sich ein Marinelager, und an den Abenden kamen die jungen Mariners bei uns vorbei. Ist ja klar, wir haben mit ihnen geflirtet, ob es zu Intimitäten gekommen ist, kann ich nicht sagen. Wenn es dazu gekommen ist, wurde es auf alle Fälle nicht bekannt. Offenbar haben sich die Jungs über irgend etwas geärgert. Wie auch immer, sie haben sich einen bösen Scherz erlaubt. Sie haben eine Regenrinne, weiß der Kuckuck, wo sie die her hatten, in eins der Fenster von unserem Aufenthalts-Raum reingeschoben und hineingepinkelt.

Das war eine große Schweinerei und das würden wir ihnen heimzahlen, aber wie? Iris hatte eine Idee. Wir haben in der Küche Mehlklöße gekocht und am Abend, als die Jungs wieder zu unserem Lager kamen, haben wir sie mit diesen klebrigen Mehlklößen bombardiert. Sie hatten sicher die ganze Nacht damit zubringen müssen, um diese Flecken aus ihrer dunkelblauen Uniform wieder rauszukriegen. Ja, Rache ist süß, aber so beginnt ein Krieg im kleinen. Doch das mit der Pisse konnten wir nicht so hinnehmen. Was dann die Folge von den Mariners gewesen ist, habe ich nicht mehr mitgekriegt, weil wir nach Berlin aufgebrochen sind. Freundlich war unsere Handlung gewiß nicht, aber so sind wir Menschen. Statt zu handeln, wie Christen eigentlich handeln sollten. Nämlich wie du mir, so ich nicht dir, die einzige Möglichkeit, mit Menschen in Frieden zu leben, machen wir das Gegenteil.
Das ist für mein Dafürhalten die einzige Art, unter der gesamten Menschheit friedlich nebeneinander zu leben, doch der Mensch ist noch weit entfernt. Er wird wahrscheinlich nie so klug werden oder es müßte eine Umwandlung unseres Gehirns stattfinden. Wer weiß, vielleicht in Tausenden von Jahren?

BERLIN

Nun zu Berlin. Wie ich schon berichtet habe, war ich bei diesem Auswahlverfahren dabei, und auch meine Freundin Gisela. In Berlin wurden wir zunächst in Schöneberg in einer Schule untergebracht, und in den nächsten Tagen sollten wir als Schaffnerinnen ausgebildet werden.

Es war uns allen bekannt, daß hier jeden Tag und auch fast jede Nacht Bombenangriffe stattfanden, doch daß wir dieses gleich in der ersten Nacht zu spüren bekamen, hätten wir nicht gedacht. Gisela, unser Sensibelchen, wollte noch lange aufbleiben, doch wir anderen waren von der Reise mit dem Zug müde und gingen ins Bett. Betten kann man dazu eigentlich nicht sagen, es waren mehr oder weniger primitive Pritschen.

»Ich habe so ein komisches Gefühl«, sagte Gisela »ich ziehe mich auch nicht aus und bleibe auf.«

Zilly sagte: »Mach daß du in dein Himmelbett kommst und mach uns mit deinen Gefühlen nicht verrückt und nervös.«

VERSCHÜTTET

In der Nacht kam, was Gisela irgendwie gespürt hatte. Wir wurden unsanft von laut heulenden Sirenen aus dem Schlaf gerissen. Eine Gänsehaut läuft einem über den Rücken, so schrecklich klingt es einem in den Ohren. Nichts wie runter in den Keller, wo sich schon einige Menschen eingefunden hatten. Einige hatten Decken und Federbetten dabei und Koffer. Wir waren bloß mit unseren Mänteln, die wir über das Nachthemd angezogen hatten, in den Keller gelaufen. Wir waren fast nur Frauen und Kinder und ein paar Opas. Ein Mann war etwas jünger, es war der Luftschutzwart. Nun saßen wir hier in diesem Keller und harrten der Dinge, die da kommen sollten. Statt der Entwarnung, auf die wir alle hofften, gab es ohrenbetäubende Geräusche, wir fühlten, daß die Erde unter uns heftig bebte Das Licht ging aus und von der Decke rieselte der Putz. Alle schrien, weinten und husteten, man hatte das Gefühl zu ersticken. Gisela klammerte sich an mich und ich dachte, sie fällt in Ohnmacht, sie zitterte wie Espenlaub. »Mein Gott«, sagte ich, »nimm dich zusammen«, obwohl mir die Angst ebenfalls im Nacken saß. Zum Glück hatten einige Taschenlampen dabei. Nun konnte man sehen, daß sich an den Wänden Risse gebildet hatten, aber sonst war alles ganz. Die Luft war stickig und für die Kinder war es am schlimmsten. Der Luftschutzwart endeckte, daß wir die Türe nach draußen nicht öffnen konnten. Das hieß, wir waren eingeschlossen.

Zum Glück entdeckten wir einen Eimer mit Wasser, das war damals Vorschrift, daß sich in jedem Keller ein Behälter mit Wasser zu befinden hatte. Daß keine Panik ausbrach, haben wir dem Luftschutzwart zu verdanken. Er sagte, daß es von dieser Schule Pläne gibt und auch bekannt ist, daß der Keller als Schutzraum freigegeben wurde. Man würde uns bestimmt bald befreien, wir müßten nur Ruhe bewahren und Geduld haben. Mein Gott, was war das für ein Anfang! Gisela weinte und weinte und war nicht zu beruhigen. Ich hielt sie in meinen Armen wie ein kleines Kind. Viele weinten. Kommt, laßt uns beten, sagte jemand. Unsere Nerven lagen bloß, und einer nach dem andern fing an zu beten. In der Not schreit der Mensch nach Gott, da soll er helfen. Wenn es uns gut geht, scheinen wir ihn nicht zu brauchen. Der Mensch ist gedankenlos, da schließe ich mich selbst nicht aus. Wie lange es gedauert hat, bis wir befreit wurden, kann ich nicht mehr sagen. Man hat gar kein Zeitgefühl, und der Gedanke, hier elendig um zu kommen, ist schrecklich. Wie wild haben wir an die Wände geklopft, und sehr lange, so schien es mir, hörten wir nichts. Dann kamen leise Klopfzeichen. Wir umarmten uns und weinten nun vor Freude, daß man uns befreien würde. Die Bombe hatte das Nebengebäude getroffen und wir waren zum Glück nur verschüttet. Gisela war am Ende ihrer Nerven und durfte nach Waren-Müritz zurück, was mir sehr leid tat, denn mit den anderen Mädchen hatte ich nicht diesen inneren Kontakt.

Ich weiß nicht, woher ich diese Zuversicht nahm, aber ich war davon überzeugt, diesen verdammten Krieg zu überleben. Nachdem wir diesen Schreck überwunden hatten, kamen wir in das Straßenbahn-Depot BRITZ und wurden gleich im Keller einquartiert. Dort haben wir gehaust, bis Berlin von der russischen Artellerie beschossen wurde.

Unsere Ausbildung ging rasch vonstatten, 14 Tage und wir waren Schaffnerinnen. Es machte uns sogar Spaß, obwohl wir fast jede Nacht und auch am Tage Fliegeralarm hatten. Um auszugehen hatten wir wenig Zeit und auch keine Gelegenheit. Außerdem waren wir immer müde und hungrig. Das Essen war gut aber zu wenig. Manchmal bekamen wir von den Fahrern von ihrem Frühstücksbrot was ab. Am schlimmsten waren die Luftangriffe am Tag, mitten in der Stadt einen Unterschlupf zu finden, war schon schwierig. Hinzu kam, ehe wir uns darum kümmern konnten, mußten wir zuerst helfen, die Wagen auseinanderzukoppeln. Wir waren immer angespannt und hatten natürlich auch Angst, das blieb doch nicht aus. Von den älteren Schaffnerinnen bekamen wir Tips und Ratschläge, wie wir uns gegen unangenehme Fahrgäste verhalten sollten. Einmal hatten wir einen Fahrgast, der an der Endstation nicht aussteigen wollte. Er war so betrunken, daß wir ihn gemeinsam aus dem Wagen tragen mußten. Und geflucht hat der Kerl, soviel Schimpfwörter auf einmal hatte ich noch nie gehört.

Oft bin ich von den Soldaten verulkt worden, aber zumeist in einer netten Weise. »Kiek mal, is die niedlich« oder »Kleene solln wer helfen« oder »warst de immer schon so kleen?«

In einem Tiefbunker, der noch tiefer als die U Bahn lag, hatte ich beklemmende Gefühle. Wenn hier eine Bombe einschlägt, gibt es ein Massengrab, so viele Menschen hatten da Schutz gesucht.

Eines Abends haben wir uns doch getraut, in das nahegelegene Kino zu gehen. Während der Vorstellung hörten wir donnernde Geräusche, doch der Film lief weiter. In der Annahme, es könnten Bombeneinschläge sein, gab es eine Panik. Alle rannten plötzlich zum Ausgang. Was uns erwartete, war ein heftiges Gewitter und es regnete wie aus Gießkannen. Wir waren froh, daß es keine Bomben waren, doch der Schreck saß uns in den Knochen und wir sind nicht in das Kino zurückgegangen.

Ein kleines Erlebnis ist mir noch ganz deutlich in Erinnerung. Um sich ein Paar Schuhe zu kaufen, mußte man sich einen Bezugschein besorgen. Ich hatte einen bekommen, was nicht immer der Fall war. Also fuhr ich zum Alexander-Platz, wo sich ein großes Kaufhaus befand. Es waren Sommerschuhe mit einem Keilabsatz und einer beweglichen Holzsohle, damals ganz modern, und sie machten mich ein paar Zentimeter größer, worauf ich größten Wert legte. Die ich mir ausgesucht hatte lagen schon auf dem Packtisch, und ich brauchte nur noch zu bezahlen. In diesem Moment krachte es fürchterlich. Es war die russische Artillerie, die vor Berlin stand. In panischer Angst rannten alle zur Treppe, auch die Verkäuferinnen. Ich hinter den Packtisch, die Schuhe gepackt und auch haste was kannste die Treppe runter. Nie wieder habe ich so preiswerte Schuhe bekommen.

ZWEITE FLUCHT

Nun wußten wir es, der Russe stand vor Berlin, was man bisher nicht wahrhaben wollte, war nun Tatsache. Ins Depot zurückgekehrt, war schon alles im Aufbruch. Jeder von uns bekam noch ein Schreiben, daß wir entlassen sind. Nun seht man zu, wie ihr noch aus Berlin rauskommt. Ab sofort fuhren keine Straßenbahnen und auch keine U-Bahn mehr. Ich weiß nicht mehr von welchem Bahnhof, doch von einem, hieß es, würden noch Züge rausfahren. Auf den Straßen war der Teufel los. Alle wollten natürlich aus der Stadt weg. Wir waren ungefähr 8 Mädchen und wurden von einem vorbeifahrenden Lastwagen mitgenommen, der uns zu diesem Bahnhof brachte. Hier war es wie in einem Bienenschwarm. Alles, was Beine hatte, war unterwegs. Soldaten, die einigermaßen gehen konnten, hatte man sogar aus dem Lazaretten entlassen. Züge kamen, aber keiner hielt, weil sie alle überfüllt waren. In Trauben hingen die Menschen an den Zügen. Von Ferne hörte man immer wieder die Artellerie.

Dieses Geknatter war schrecklich. Wir wußten auch nicht, wo wir uns hinwenden sollten und wo der Russe schon war. Es blieb uns keine Wahl als zu warten. Ja, worauf eigentlich ?

Wir hatten es schon aufgegeben, als ein leerer Zug eingesetzt wurde. Er wurde regelrecht gestürmt. Keiner nahm Rücksicht auf den anderen, der Stärkere hatte recht. Ich wäre nicht mitgekommen, wenn mich nicht zwei starke Arme hochgehoben und durchs Fenster bugsiert hätten. Eng wie in einer Konservendose standen wir fast übereinander. Ich dachte, ich müßte ersticken, aber wie man sieht, blieb ich am Leben.

Der Zug setzte sich in Bewegung und fast glaubte man, das Ächzen der Räder unter der ungeheuren Last zu spüren. Kurz vor Nauen hielt der Zug auf freier Strecke. »Alles aussteigen« hörte man eine Stimme durch den Lautsprecher verkünden, »der Zug fährt nicht weiter«. Wieder stand der Mond am Himmel und begleitete unsere zweite Flucht. Wie die aufgescheuchten Hühner rannten wir über die nasse Wiese zu den bewohnten Häusern. Wir halfen noch einigen Frauen mit ihren kleinen Kindern, doch dann mußten wir für uns selbst sorgen.

In einem der Bauernhäuser wurden wir, inzwischen noch acht Maiden, aufgenommen. In einem Zimmer standen mehrere Betten, und wenn wir zu zweit in einem Bett schlafen könnten dürften wir sie benutzen. Wir waren froh, eine Bleibe für die Nacht gefunden zu haben, denn die Nacht im Freien zu verbringen, ist zu dieser Jahreszeit noch nicht zu empfehlen. Schlecht geschlafen ist besser als gut gesessen, so dachten wir. Rasch waren wir ausgezogen und sind in die Betten gehüpft. Ich teilte das Bett mit Irmchen, mit der ich in der letzten Zeit mehr zusammengewesen war, seit Gisela nach Waren-Müritz zurückgefahren ist. Wir haben noch keine 10 Minuten in den Betten gelegen, als wir anfingen, uns zu kratzen, wir hatten plötzlich alle Juckreiz.

Irmchen sagte: »Mach doch mal das Licht an.«

Dann sahen wir die Bescherung. Jemand sagte: »Das sind Wanzen, die beißen.«

So schnell wie die Feuerwehr hatten wir unsere Klamotten wieder angezogen und nichts wie ab aus dem freundlichen aber verwanztem Haus. In der Nähe haben wir ein leerstehendes Kino entdeckt. Ein paar Stühle nebeneinander gestellt, haben wir die Nacht verbracht. Zwar waren wir am nächsten Morgen kreuzlahm, aber dafür ohne Wanzenstiche.

MÄNNER

Auf Schusters Rappen ging es weiter. In Neustrelitz fanden wir ein verlassenes RAD-Lager, dort haben wir uns zwei Nächte aufgehalten und uns mit Lebensmitteln, die noch dort in Mengen vorhanden waren, eingedeckt. Zwar wurde unser Gepäck dadurch wesentlich schwerer, aber wir hatten genug zu essen. Nach diesen zwei Tagen Ruhe, die uns gutgetan hatten, machten wir uns wieder auf den Weg. Die Straßen waren überfüllt mit Flüchtlingstrecks und Militärfahrzeugen. Den ganzen Tag sind die Fahrzeuge alle an uns vorbeigefahren. Gegen Abend hielt ein LKW mit einigen Soldaten und war bereit, uns mitzunehmen. In der Nähe eines Dorfes fuhr der Wagen von der Hauptstraße ab und bog in einen Feldweg ein. Bei einem Bauern erhielten wir die Genehmigung, in einer Scheune zu übernachten. Vorher haben wir mit den freundlichen Bauersleuten den Abend verbracht. Die Soldaten hatten genug zu essen und noch mehr zu trinken dabei. Man kann sagen, es war ein fröhlicher Abend. Einige Mädchen fingen an, sich mit den Burschen zu knutschen und zu küssen. Ich war zu der Zeit zu naiv und zu schüchtern. Zu dumm, da ist mir sicher einiges entgangen. Doch der Zug ist nun mal abgefahren. Es war der 30. April und die Nächte sehr kalt. Die Soldaten hatten genug Wolldecken dabei, und wenn sich zwei immer unter eine Decke legten, reichten sie für alle. Natürlich immer ein Männchen und ein Weibchen, sagte einer von den Burschen oder was habt ihr gedacht, warum wir euch mitgenommen haben? Die anderen haben schallend gelacht. Bei der Trinkerei hatten sich einige Pärchen zusammengetan. Um nicht zu frieren, habe ich mich mit einem dieser Typen auch unter eine Decke gelegt. Wir waren ja alle dick angezogen und außerdem eine Gruppe und nicht alleine, was sollte schon passieren. Jedoch soll man Männer nicht unterschätzen. Das sollte ich in Zukunft noch mehrmals erfahren.

Nachdem wir eine Weile im Stroh gelegen hatten, fing es überall an zu rascheln und zu stöhnen. Plötzlich fing mein Strohbettnachbar auch an, an mir rumzunesteln, doch wie schon gesagt, ich war zu ängstlich und zu schüchtern und habe mich gewehrt und ihn abgeschüttelt, bis er mich in Ruhe ließ. Wer weiß, vielleicht hätte es mir ja gefallen, Sex im Stroh?

Am nächsten Morgen bekamen Irmchen und ich die Quittung. Die Mädchen, die mit den Jungs geschlafen bzw. Sex hatten, wurden im Auto mitgenommen und wir zwei Dummerchen blieben zurück. Das hatten wir nun davon. Diese verdammten Kerle. So ist das im Leben, man muß für alles bezahlen.
Doch was solls, es war der 1. Mai, die Sonne schien, und ich dachte an das Lied »Wir sind jung, die Welt ist offen, oh du schöne weite Welt«.
Der Krieg ist bald zu Ende und dann geht es in die Heimat. Gab es die noch?
Irmchen und ich machten uns auf den Weg zur Hauptstraße, und hier war es wie am Tag davor. Viele Fahrzeuge fuhren an uns vorbei. So marschierten wir dahin, Schritt für

Schritt. Mittlerweile begannen mir meine Füße in den Knobelbechern an weh zu tun.

Meine Arme wurden immer länger von dem Gepäck, und von Minute zu Minute schwand die Hoffnung, von einem dieser vielen Militärfahrzeuge mitgenommen zu werden. Irmchen war inzwischen auch immer schweigsamer. Deshalb, auch in ihrem Sinne zu handeln, sagte ich:»Komm, laß uns ein wenig ausruhen.«

Doch das war keine gute Idee»Nein«, sagte sie,»wir gehen weiter.«

So trotteten wir noch eine Weile weiter. Doch dann hatte ich die Nase voll und setzte mich an den Straßenrand:»Ich gehe jetzt keinen Schritt weiter.«

Irmchen war anderer Ansicht und ließ mich allein und marschierte schnurstracks weiter, ohne auch nur einen Blick zurückzuwerfen. Auf diese begonnene kurze Freundschaft konnte ich also verzichten, und es tat noch nicht mal weh, denn das war keine.

Nun saß ich da, mutterseelenallein und fühlte mich von aller Welt verlassen, und in diesem Moment war ich das ja schließlich auch.

Ich stützte meinen Kopf in die Hände und überließ mich meiner Traurigkeit, die Tränen kullerten mir die Wangen runter und ich wischte sie noch nicht mal weg.

Ich kann es nicht mehr sagen, wie lange ich da gesessen habe, als eine Kolonne von Militärfahrzeugen an mir vorbeifuhr. Der letzte Wagen war ein offener VW und er hielt. Die Soldaten winkten, daß ich kommen sollte. So schnell wie der Wind bin ich losgepeest. Welch eine Freude, sie nahmen mich mit. Auf dem Rücksitz hatten sie gerade noch Platz für mich, sonst lag alles voll Apparate. Es war also bestimmt, daß mich Irmchen alleinlassen mußte. Mein Schutzengel hatte so entschieden, davon bin ich heute fest überzeugt. Wären wir zu zweit gewesen, hätten die nie gehalten.

Nach einigen Kilometern sind wir an Irmchen vorbeigefahren. Es tat mir leid, sie so alleine und wie in bleiernen Schuhen dahinschleichen zu sehen. Sie allerdings würdigte uns keines Blickes. Ich habe sie nie wiedergesehen.

Nun zu den Soldaten, die so freundlich waren, mich mitzunehmen. Der Fahrer, Ferdinand Winter, sagte: »Eigentlich ist es verboten, Zivilpersonen mitzunehmen, aber du hast ja eine Uniform an, und ich hoffe, daß man eine Ausnahme von der Leitung machen wird.«
Sein Beifahrer war jedoch anderer Ansicht und sagte: »Wenn wir Rast machen, wirst du sicher aussteigen müssen.«
»Dann bin ich auf alle Fälle ein Stück weiter gekommen« sagte ich. Am Rastplatz angekommen, mußte ich mich zunächst unter einer Wolldecke verstecken, weil Ferdie, so werde ich ihn von nun an nennen, erst mit seinem Vorgesetzten sprechen wollte. Dieser kam, mich zu begutachten und gab die Genehmigung, mich mitzunehmen. Sicher kann man sich denken, wie froh ich war, bei diesen beiden Soldaten in guten Händen zu sein. Außerdem schienen sie mir schon ziemlich alt, so um die 40 Jahre und sie hätten meine Väter sein können. Später erfuhr ich, daß Fritz aus Berlin stammte und Ferdie aus Köln.

Was ich eigentlich nicht befürchtet hatte, kam wie das Amen in der Kirche. Weil ich, wie man weiß, keine Decke besaß, wollte ich die Nacht im Auto bleiben Doch Ferdie sagte: «Das geht nicht, du mußt schon mit auf den Heuboden.«
Auf einer schmalen Hühnerleiter mußte man hochkrabbeln. »Komm unter meine Decke, da ist es warm, ich beiße

dich nicht.« »Wirklich nicht?« dachte ich. »Da werde ich wohl Morgen wieder auf der Straße marschieren?« fragte ich mich im Stillen. Es kam etwas anders.

Natürlich hat er versucht, mit mir zu turteln und nestelte an meiner Kleidung rum. Ich war im Begriff aufzustehen und sagte: »Unter diesen Umständen will ich lieber frieren«. Ich hatte noch nie mit einem Mann Sex und wollte das jetzt auch nicht. Mein Gott, wie blöd ich war. Sex auf dem Heuboden wäre sicher romantisch gewesen. Doch ich war viel zu verklemmt und daran war natürlich unsere Erziehung Schuld. Auf die Gefahr, daß ich mich wiederhole. Das Thema Sex war einfach Tabu, darüber wurde nicht diskutiert. Ich hatte immer den Eindruck, daß dieser Beischlaf mit dem Ehemann ein unvermeidliches Übel war und mit Lust und Gefühlen nichts zu tun hat.
Doch eins weiß ich jetzt, wenn ich noch mal auf die Welt komme, probiere ich alles aus, auch Sex im Stroh auf dem Heuboden.

FERDINAND

Doch nun zurück zu Ferdie. »Nun komm«, sagte er, «ich tu dir nichts, ich wollte nur testen, wie du reagierst. Du brauchst keine Angst zu haben. Ich würde das nur wollen, wenn du es auch willst. Ich bin doch kein Unmensch und werde deine Situation nicht ausnutzen.«
Letztendlich flößte mir seine angenehme und weiche Stimme Vertrauen ein und ich überließ mich seinen schützenden Armen. Und schlief wie in Abrahams Schoß.

Am nächsten Morgen machte Fritz eine zweideutige und schmutzige Bemerkung. Ferdie sagte: »Du irrst mein Lieber, es ist nicht so wie du denkst. Dieses Mädchen nehme ich mit, bis wir uns dem Engländer in Eckernförde in Gefangenschaft begeben. Und ich möchte, daß du sie anständig behandelst.«

Am Tag haben wir unsere Fahrt fortgesetzt. Es war in einem nicht sehr dichtem Waldstück, als wir die Jabos (Tiefflieger) kommen hörten. Raus aus den Autos und Ferdie nahm mich an die Hand und wir rannten zu einem dicken Baum. Dort stellte er sich hinter mich und beschützte mich mit seinem Körper. Rechts und links schlugen die Granaten ein und wir sahen mit Entsetzen, wie ein Lastwagen von einem Geschoss getroffen wurde und in Flammen aufging. Zum Glück waren alle aus den Fahrzeugen rausgesprungen und es war niemand verletzt worden.

Auf der Straße war ein Chaos entstanden, doch darum konnten wir uns jetzt nicht kümmern. Wir mußten so schnell wie möglich aus diesem freien Gelände verschwinden, denn die Jabos konnten jeden Augenblick zurückkommen. Sie hatten sicher unsere Militär-Kolonne erkannt. Auf dem nächsten Rastplatz kam ein Offizier zu Ferdie, und da mich der Typ dauernd ansah, wußte ich, daß es um mich ging. Einige Soldaten hatten sich beschwert, weil es ihnen verboten war, Mädchen in ihren Fahrzeugen mitzunehmen, und Ferdie war es gestattet. Deshalb kam Neid auf und ich sollte verschwinden.

Wir waren mittlerweile in der Nähe von Lübeck. Am Stadtrand besorgte mir Ferdie noch ein Quartier. Als er sich verabschiedete, sagte er, um mich zu trösten: »Nun, meine Kleine, kann ich nichts mehr für dich tun. Doch der Krieg ist in ein paar Tagen sowieso zu Ende und dann kannst du in deine Heimat zurück.«

Heimat? Familie? Ich hatte keine Ahnung, weder von dem

einen noch von dem andern. Wir hatten zwar einen Treffpunkt im Sudetenland Klingenthal ausgemacht. Natürlich hatte ich keinen blassen Schimmer, ob sie da wirklich angekommen sind. Trotz dieser Probleme hatte ich gut geschlafen. Am Morgen traute ich meinen Augen nicht, als Ferdie mich abholen kam. Er hatte es durchgesetzt, mich weiter mitnehmen zu dürfen. Vor lauter Freude habe ich ihn umarmt, denn inzwischen mochte ich ihn sehr gerne. Ich fühlte mich geborgen. An diesem Tag sind wir erst am Abend aufgebrochen, weil am Tag die Jabos unterwegs waren. Es hatte angefangen zu regnen und dieser wurde immer heftiger. Es goß wie aus Gießkannen, und die Scheibenwischer konnten das Wasser kaum bewältigen. Da wir nur abseits der Hauptstraße fuhren, wurde der Weg immer unwegsamer und holpriger. Plötzlich saßen wir fest. Das Auto war im Schlamm stecken geblieben. Es ging nicht hin und nicht zurück. Die Männer sind ausgestiegen, um den Wagen wieder in Gang zu bringen, aber das Vehikel rührte sich nicht vom Fleck. Die anderen von der Abteilung werden schon merken, daß wir fehlen und kommen bestimmt, uns hier rauszuholen. Stunde um Stunde haben wir ausgeharrt, bis ein LKW kam und uns aus dieser mißlichen Lage befreit hat.

Am nächsten Tag mußten wir die Hauptstraße benutzen, und da inzwischen viele Flüchtlinge unterwegs waren, kamen wir nur langsam voran. Plötzlich hörten wir die Jabos. Alle aus den Fahrzeugen raus und in den Straßengraben. Den Jabos schutzlos ausgeliefert, harrten wir der Dinge, die da kamen. Auch diesmal schützte mich Ferdie mit seinem Körper. Ich dachte, gleich ist alles zu Ende und wir sterben hier im Straßengraben. Wir hatten Glück, die Geschosse haben uns nicht getroffen. Mein Schutzengel war wieder bei mir. Meine Zeit war noch nicht abgelaufen.

Am Abend hatten die Soldaten einen Ochsen organisiert und der wurde am Spieß gebraten. So ein Fleisch hatte ich noch nie gegessen und es hat hervorragend geschmeckt. Zu Trinken gab es Wein, und das reichlich. In den nächsten Tagen wollten sie sich dem Engländer ergeben und heute, sagte einer von den Männern, wird gefeiert bis zum frühen Morgen. Überhaupt nicht an Wein gewöhnt, hatte ich bald einen Schwips. Ich sah alles wie in einem Schleier und rosigem Licht und fühlte mich wie auf einer Wolke schweben. Hinzu kam, daß ich inzwischen Ferdie sehr gern hatte. Wenn er es gewollt hätte, wäre ich in dieser Nacht seine Geliebte geworden. Vielleicht? Doch er hat es nicht ausgenutzt. Er sagte, es wäre unrecht, weil wir uns am nächsten Tag trennen müßten und keine Zukunft hätten. Er könnte mir noch nicht mal seine Heimatadresse geben, weil in Köln Frau und Kinder auf ihn warteten. »Und mehr kann ich auch nicht für dich tun, denn wir begeben uns hier in Gefangenschaft.«

Fest aneinandergeschmiegt schliefen wir ein. Nach dem Frühstück war es soweit, Ferdie brachte mich bis zum Bahnhof. Er nahm mich in seine Arme und küßte mich, und ich küßte ihn wieder. Er sagte: »Ich habe dich sehr lieb, doch jetzt muß ich dich verlassen.«

Er hatte Tränen in den Augen und mir liefen auch die Tränen wie ein Bächlein die Wangen runter. Wieder allein, wie der Soldat am Wolgastrand, und jetzt kam auch noch die Sehnsucht dazu.

Ich fühlte mich so einsam und verlassen, daß ich mir selber leid tat.

Später setzte sich ein älterer Mann zu mir und erzählte von einem Flüchtlingslager, das man eingerichtet hatte. Es würde mich, wenn ich das wollte, dahin bringen. Er wohne in Eckernförde und sei auch hier geboren und wüßte, wo das wäre. Es war ein ehemaliges Marinelager und es lag etwas außerhalb der Stadt. In der Nähe des Hafens. Viele Flüchtlinge hatte man da schon untergebracht. Durch Abdecken von Vorhängen und Schränken hatte man versucht, abgeteilte Räume zu gestalten. Ich kam zu drei anderen Mädchen, die auch RAD-Maiden gewesen waren, Thea, Marianne und Tamara. Sie wollten natürlich wissen, woher ich kam und wie es mir ergangen ist. Auf diese Weise wurde ich von meinen trüben Gedanken abgelenkt, denn auch sie hatten viel zu erzählen. Am Abend allerdings im Bett allein konnte ich an Ferdie denken und die letzten Tage Revue passieren lassen, und ich konnte nicht einschlafen. Thea, die unter mir das Bett hatte, kam zu mir, um mich zu trösten. Sie war um einige Jahre älter als ich. Sie sagte: »Wenn eine Zeitlang vergangen ist, wird es dir wieder besser gehen und du wirst dich neu verlieben. Du bist doch gerade 17 Jahre.«

In diesem Alter sollte man wohl behütet und geborgen im Elternhaus sein, und nicht wie ein Bettler von einem Ort zum andern ziehen müssen, allein unter fremden Menschen. Aber im Krieg gelten andere Gesetze.

Am 9. Mai fuhren die englischen Panzer in die Stadt hinein. Zu beiden Seiten der Straße standen die Menschen und ich auch und jubelten den ehemaligen Feinden mit Fähnchen in den Händen zu. Endlich war der Krieg zu Ende. Zu lange hatte man sich gegenseitig bekriegt und Land und Städte zerbombt. Nun war wirklich Schluß damit und es war Frieden. Kein Wunder, daß wir die Sieger bejubelten. Die Soldaten bewarfen uns mit Schokolade und Zigaretten und wir waren nicht zu stolz, uns nach diesen Dingen zu bücken und sie von der Straße aufzusammeln, jeder wollte etwas davon erhaschen. Die Menschen umarmten sich und waren froh, diesen Krieg überlebt zu haben. Ich wurde von einem jungen Matrosen hochgehoben und durch die

Luft gewirbelt. Er nahm mich an die Hand, als ob wir uns schon lange kennen würden, und sagte:»Meine Güte, wo hast du nur gesteckt, ich habe schon so lange auf dich gewartet.«
Dieser Mensch ist total verrückt, dachte ich. Er stellte sich vor. Mein Name ist Manfred Baumeister, ich bin in Nürnberg zu Hause und bei der Marine. Er hatte schwarze gelockte Haare, war mittelgroß und hatte strahlend blaue Augen. 21 Jahre jung und sprühte voller Lebensfreude, und er steckte mich damit an und riß mich aus meinen trüben Gedanken.

FRED UND WERNER

So ist das Leben, etwas bekommt man genommen und etwas geschenkt, wenn man es gar nicht erwartet. Vor ein paar Tagen noch tieftraurig und jetzt dieser Manfred. Es war sehr merkwürdig, dieser Junge war mir gleich sympathisch. Die Engländer hatten ein Sperrgebiet abgeteilt, wo sich die Mariners frei bewegen konnten und uns Mädchen war es gestattet, sie zu besuchen. 14 Tage später kam Fred und war sehr niedergeschlagen, denn wir mußten Abschied nehmen. Er kam nach England in Gefangenschaft. Er gab mir seine Heimatadresse, und wenn die Züge wieder führen, sollte ich zu seinen Eltern und auf ihn warten, und er gab mir einen Brief für seine Mutter mit. Ich mochte Manfred, aber ich war überhaupt nicht in ihn verliebt, und ich hatte nicht die Absicht, nach Nürnberg zu fahren. Daß ich diese Adresse behalten habe, war schon ein Wunder, bei der Odyssee, die ich noch vorhatte. Und daß ich dann auch noch an diese schreiben würde, hätte ich damals nicht gedacht. Doch ich will nicht vorgreifen, das passierte viele

100

Monate später und nur der Not gehorchend, nicht dem eigenen Triebe. (Zitat Goethe)

Ein paar Tage nach Manfreds Abreise mußten wir das Lager für die Engländer räumen und kamen in eine Baracke, die man für die Flüchtlinge eingerichtet hatte. Tamara und Thea kamen erst gar nicht mit und haben sich auf den Weg nach Hause begeben. Nun war ich noch mit Marianne zusammen. In diesem neuen Domizil traf ich eine Freundin meiner Schwester Gretel, Ulla Schmied, sie hatte ein Gespusie mit einem Marine-Offizier, der auf einem Schiff war, das auf Reede lag. Mit einer Barkasse ist sie zu dem Typ, und auch andere Mädchen haben die Mariners besucht. Das war erlaubt und sie haben auf den Schiffen Bordfeste abgehalten.

Ulla sagte zu mir: »Wenn du willst, nehme ich dich mal mit. Es gibt gutes Essen und Trinken, es wird getanzt und es ist immer lustig.«
So bin ich eines Tages mitgefahren. Am Hafen wurden wir und auch andere Mädchen mit einer Barkasse, wie Ulla sagte, abgeholt. Auf dem Schiff sind wir gleich in die Messe und Ulla stellte mich einem schon etwas älterem Offizier vor. Werner war sein Name und beim Essen war ich seine Tischdame. Das Menü war hervorragend und Werner erzählte von seinen Reisen. Es wurde auch getanzt und es gab viel Wein zu trinken. Weil ich wußte, wie Wein auf mich wirkt, war ich sehr zurückhaltend. Werner goß immer wieder mein Glas voll, aber ich schüttete es mehrmals unter den Tisch. Bei dem Gelage ist das überhaupt nicht aufgefallen. Gegen Abend fragte ich Ulla, wann wir zurückfahren.
»Ach, das habe ich dir noch gar nicht gesagt, wir übernachten hier. Heute Abend kommt keine Barkasse mehr, um uns abzuholen.«
»Und wo meinst du, das ich schlafen soll?« fragte ich.

101

»Kein Problem, du bekommst eine Kabine.«
Sie verschwand für einen Augenblick und gab mir einen
Schlüssel:»Komm ich zeig dir, wo sie ist.«
Ich hatte überhaupt nichts dabei, noch nicht mal eine Zahn-
bürste, weil ich an diese Möglichkeit nicht gedacht hatte.
Es kam mir sehr komisch vor und ich bin vorsichtshalber
gleich in der Kabine geblieben. Für mich war das Fest beendet. Die Türe von der Kabine habe ich gleich verriegelt.
Nicht lange danach, wurde an die Türe geklopft, erst leise,
dann immer lauter. Mach sofort die Türe auf, das ist meine
Kabine. Mir fiel nicht im Traum ein, sie zu öffnen. Ich konnte mir schon denken, was der Bursche wollte. Ich hatte
Angst, daß er die Türe einschlagen würde, denn er war
fürchterlich wütend. Sicher hatte er sich die Nacht etwas
anders vorgestellt. Was manche Männer sich einbilden, für
ein bißchen Essen und Trinken soll man gleich mit ihnen
pennen. Ich bin doch kein Freiwild, das man abschießen
kann.

Am nächsten Morgen hat mich dieser Werner wütend angesehen, aber mir war das egal, ich hatte genug von diesen
Bordfesten. Ulla war auch ärgerlich und sagte:»Ich hatte
gedacht, du würdest nicht so prüde sein und Werner in die
Kabine reinlassen, denn es war wirklich seine und er hatte
mir den Schlüssel für dich gegeben, aber nicht um ausge-
schlossen zu werden.«
»Soll ich mich auch noch bedanken, daß du mich reingelegt
hast, oder was erwartest du von mir?« Das Kapitel Ulla war
für mich erledigt.

Mit Marianne, die nach Magdeburg wollte, verstand ich
mich sehr gut. Trotz des Altersunterschiedes von 8 Jahren
oder gerade deshalb. Sie organisierte, auf welchem Wege
auch immer, Zigaretten, Schokolade und sogar Perlon-
strümpfe. Wir müssen was zum Tauschen haben, wenn wir

von irgend jemand im Fahrzeug mitgenommen werden. Wir hörten, daß inzwischen streckenweise wieder Züge rollen sollten. Das wäre ja gut, dann kämen wir schneller an unser Ziel. An einem warmen Junitag schnürten wir unser Bündel und verließen den sicheren Ort Eckernförde, denn schlecht ist es uns da nicht gegangen, aber wir wollten zu unseren Angehörigen. Und deshalb mußten wir uns schon auf den Weg machen.

AUF DER SUCHE NACH DEN ANGEHÖRIGEN

Die erste Etappe sind wir in einem Jeep mitgenommen worden und brauchten von unseren Tauschobjekten nichts zu investieren. Doch die Kerle wurden uns zu aufdringlich und wir sind rechtzeitig ausgestiegen. An einem Bahnhof entdeckten wir einen Güterzug und jemand sagte, daß er nach Hamburg fahren würde. So sind wir einfach in einen Waggon rein und harrten der Dinge, die da kommen sollten. Unsere Geduld wurde auf die Probe gestellt, denn nichts rührte sich. Wir wollten schon aussteigen, plötzlich gab es einen Ruck und siehe da, er rollte. Hoffentlich nach Hamburg. Hurra wir fahren, haben wir beide geschrien und uns umarmt. Gemütlich war es gewiß nicht in diesem Güterwagen, und als wir wirklich in Hamburg ankamen, sind wir gerne ausgestiegen und hatten erst lahme Gelenke. Zu Fuß sind wir durch diese zerstörte Stadt gegangen. Marianne sagte, wir müssen uns was zu essen besorgen, das hieß, wir müssen was klauen, denn Geld hatten wir keins oder nur ganz wenig, und das mußten wir behalten. Wir kamen in eine Straße, wo noch nicht alles zerstört war, und wir entdeckten einen Bäckerladen.
»Also paß auf«, sagte Marianne, »du gehst jetzt rein und

fragst, ob hier eine Frau Wallentinowitz wohnt, und sprich den Namen etwas nuschelig aus, damit die Verkäuferin ihn nicht gleich versteht. Da ist sie abgelenkt und ich nehme dann ein Brot.« Gesagt getan, die Verkäuferin schaute mich an, als ob ich russisch spräche und sagte, ich verstehe kein Wort. In diesem Moment ein Schrei, eine Männerstimme »gib das sofort her, du freches Ding«. Marianne rannte wie von Furien gejagt und ich hinterher, bis uns die Puste ausging, Aber wir hatten ein Brot und ließen es uns schmecken, wenn man Hunger hat, schmeckt auch trockenes Brot köstlich. Der Bäcker ist bestimmt davon nicht arm geworden, doch nachahmenswert sollte es auch nicht sein. Es ging gegen Abend zu und wir mußten uns ein Plätzchen für die Nacht suchen

Wir entdeckten in einem ziemlich zerbombten Teil der Stadt eine nicht ganz zerstörte Villa. Dort wollten wir die Nacht zubringen. Wir hatten sie kaum betreten, als wir Stimmen vernahmen: »Wer ist da? Macht, daß ihr weg kommt, das ist unser Revier« schallte es uns entgegen. Dann sahen wir die Penner. Als Marianne Zigaretten zeigte, griffen sie wie ausgehungert danach und hießen uns willkommen. Wir mußten mit ihnen Schnaps trinken und sollten ihnen was vorsingen. Das haben wir gerne getan. Einer hatte eine Mundharmonika dabei und wir sangen in Dur und Moll und sehr laut. Ich stimmte das Lied »Ännchen von Tharau« an und siehe da, einige kannten das Lied. Dann begann einer von Ostpreußen zu erzählen. Daß er dort als Soldat gewesen war, und er kam mit der alten Kamelle »Marjellchen, jeh von das Jleise der Maschien kommt«, dabei wollte er sich ausschütten vor Lachen.

In dieser Nacht haben wir sehr wenig geschlafen, denn die Männer haben in allen Tonlagen geschnarcht und außerdem war es auf dem harten Fußboden wahrlich nicht gemütlich. Am andern Morgen, ehe die Schläfer aufgewacht sind, begaben wir uns von dannen. Wir waren an diesem Tag noch nicht lange gegangen, als wir von einem Lastwagen mitgenommen wurden, nachdem Marianne mit Zigaretten winkte. In Lüneburg haben wir uns was zu essen gekauft und eine Nacht, es war ja Sommer und warm, auf einer Parkbank geschlafen. Wenn man jung ist, schläft man überall.

Von Lüneburg sind wir teils mit dem Zug, teils mit LKW's und Pferdefuhrwerken bis Leipzig gelangt. Dort haben wir uns getrennt, denn Marianne wollte nach München und ich zum Sudetenland. Als das ein Mann hörte, daß ich nach Klingenberg wollte, sagte er:»Liebes Kind, da werden Sie Ihre Angehörigen vergebens suchen, denn alle Deutschen hat man von dort vertrieben.«
Das war eine Enttäuschung, die ich erst mal verkraften mußte. Was soll ich jetzt tun, nun war guter Rat teuer. Ich setzte mich zu diesem Mann, der das alles erzählt hatte, und am gleichen Tisch saß ein Jüngelchen, so in meinem Alter und in RAD-Uniform, der aus dem Saarland gekommen war und sich auf dem Weg nach Hause befand. Nach Rochlitz ca. 50-60 Kilometer entfernt von Leipzig. Er sagte zu mir, komm erst mal mit zu mir nach Hause, dann sehen wir weiter. Ich fragte:»Was werden deine Eltern sagen?«
»Ich habe nur eine Mutter, mein Vater ist gefallen«, sagte er.
»Wir haben ein großes Haus, da ist genug Platz.«

Ein Strohalm, nach dem ich griff. Wir zogen los. Es war ein heißer Sommertag. Werner, so war sein Name, marschierte zügig voran, ich trottete hinter ihm her, denn in den Holzschuhchen mit Keilabsatz, die ich mir in Eckernförde gekauft hatte, konnte ich nicht so schnell laufen. Auch meine ganze Habe wurde mir immer lästiger. Wir kamen an Kirschbäumen vorbei, wo die Kirschen verlockend und reif an den Bäumen hingen. Da wir hungrig waren, schlugen wir uns mit den süßen Früchten den Bauch voll. Später mußten wir das bereuen, denn uns schmerzten die Bäuche. Endlich machte Werner eine Pause, und wir setzten uns an den Straßenrand. Er erzählte, wie es ihm in dem Lager, wo er war, ergangen ist. Gegend Abend mußten wir uns um ein Quartier bemühen. Bei einem Bauern kehrten wir ein und bekamen sogar was zu essen und ein großes Glas Milch, ach wie herrlich kann das Leben sein. Übernachten durften wir in der Scheune und bekamen sogar jeder eine Decke.

Wie komfortabel, diesmal mußte ich herzlich lachen, denn Werner legte sich ganz weit von mir weg. Ich hatte das Gefühl, daß er Angst hatte, daß ich ihn verführen könnte. Ich fand das so lustig. Wäre mal was anderes, ich als Verführerin.

Am anderen Morgen, nach einem reichlichen Frühstück und gut ausgeschlafen, machten wir uns wieder auf den Weg. Mein Gepäck hatte ich dort untergestellt und würde es später mit einem Wägelchen, das ich beschloß, mir zu leihen, wieder holen. Nun hatten wir nicht mehr so weit bis zu seinem Elternhaus. Im Laufe des Nachmittages kamen wir in Rochlitz an. Die Mutter schloß ihren Sohn in ihre Arme und weinte vor Glück. Dann schaute sie mich an und fragte:»Und wer bist du?«
Werner erklärte es ihr und sie ließ mich zunächst in ihr Haus.

Ja, zunächst ist richtig, ich durfte baden, und sie gab mir sogar Unterwäsche und ein Kleid. Ich fühlte mich wie neugeboren, nach den vielen Tagen, an denen wir unterwegs waren und uns kaum waschen konnten. Wenn man jung ist, riecht man ja nicht so schnell unangenehm, aber trotzdem fühlt man sich schmutzig, wenn man sich nicht waschen kann. Im Haus befand sich ein Gästezimmer, wo ich schlafen konnte, und ich brauche nicht zu betonen wie gut. Indes, die Ernüchterung kam nach dem Frühstück am anderen Morgen. Frau Ackermann machte mir höflich und freundlich klar, daß ich auf keinen Fall bei ihnen auf längere Zeit bleiben könnte. Mit ein paar Tagen war sie einverstanden, aber dann müßte ich mir schon was anderes suchen. Im Grunde genommen hatte ich das schon geahnt, doch in meiner damaligen Situation hofft man manchmal auf Wunder. Obwohl mir ein Kloß im Hals saß, sagte ich zu mir, bloß nicht wieder weinen und jammern. Auch nicht hassen, denn Haß verhärtet die Seele und nimmt einem viel Kraft. Ich brauche viel davon, um mein Leben selber in die Hand zu nehmen, denn es ist niemand da, der mir sagen kann, was ich zu tun habe. Nur Gott allein kann mir den Weg weisen, ich muß nur auf seine Zeichen achten. Es steht schon in der Bibel, hilf dir selbst, dann hilft dir Gott.

RUSSEN

Ich beschloß, alleine zu dem Amt zu gehen. Doch vorher mußte ich zu dem Bauernhof zurück, um mein Gepäck zu holen. Widerstrebend willigte Frau Ackermann ein, den kleinen Handwagen zu benutzen. So machte ich mich auf den Weg, noch mit Gewißheit, den Weg zu wissen, den ich gehen mußte. Dieses war begreiflicherweise ein Irrtum, den ich mir eingestehen mußte. Zum Glück hatte ich mir den Dorfnamen gemerkt und den Namen des Bauern. So konnte ich wenigstens Leute befragen, die mir begegnet sind. Plötzlich stand ich vor einer Brücke, die mir gar nicht in Erinnerung war. Davor patrouillierten zwei russische Soldaten, mit Gewehren über der Schulter, die mich wegscheuchten, wie ein giftiges Insekt. In der Nähe war ein ziemlich großes Haus und ich wollte fragen, was das zu bedeuten hat, weil ich es mir selber nicht erklären konnte. In dem Haus, ich traute meinen Augen nicht, lagen auf Stroh viele Menschen, Kinder, Frauen und Männer. Hier erfuhr ich, daß ich mich in der russischen Zone befände und die Soldaten ließen, rein nach Willkür, Leute über die Brücke. Mittlerweile wurde es dunkel und es blieb mir nichts anderes übrig, als zu warten und die Nacht da zu verbringen. Ich hatte ja nichts zu versäumen, aber Frau Ackermann würde bestimmt um ihr Wägelchen Angst haben.

Es war schon ziemlich spät, als sich die Tür öffnete und ein russischer Soldat ins Zimmer kam, in der Hand ein Gewehr. Er schaute sich suchend um. Dann deutete er auf mich und sagte »Frau komm«. Ich schüttelte den Kopf. Er wiederholte »Frau du kommen«, dann hielt er das Gewehr, wie im Anschlag und sagte »ich schießen alle«. Eine Frau, die in ihrem Schoß zwei Kinder sitzen hatte, sagte: »Nun gehen Sie doch schon oder soll er uns alle erschießen?«
Ich wäre nicht gegangen, obwohl ich vor Angst geschlottert habe, mir war in diesem Moment alles egal. Wenn er schießt, ist auch mein unsicheres Leben zu Ende.

Plötzlich hörten wir Motorrad-Geräusche, die Türe wurde aufgerissen und zwei sehr große Männer in russischer Uniform stürmten ins Zimmer, nahmen den Soldaten beim Kreppschull und expedierten ihn raus. Dann sagte der eine: »Nun keine Angst mehr, jetzt schlafen.«
Am anderen Morgen durften alle Flüchtlinge über die Brücke. Ich konnte nun mein Gepäck holen und war im Laufe des Nachmittages wieder in Rochlitz, zur Freude Frau Ackermanns, die ihren Bullerwagen wiederhatte. Diese Nacht durfte ich noch bei ihnen schlafen. In dieser Nacht hatte ich keine guten Gedanken. Auf dem Flur stand

ein gut erhaltenes Fahrrad. Wenn ich mit dem davonradeln würde? Aber wohin, ich hatte ja kein Ziel vor Augen. Und wenn man mich schnappen würde, käme ich noch ins Gefängnis. Mit diesen Überlegungen habe ich mich rumgeschlagen. Doch meine gute Erziehung, mich nicht an fremdem Eigentum zu bereichern, behielt Oberhand.

Auf dem Flüchtlingsamt wurden meine Personalien notiert und man schlug mir vor, in einen Haushalt zu gehen, bis eine Zusammenführung der Familien, die durch die Flucht auseinandergerissen wurden, eingerichtet werden sollte. Doch das konnte dauern, sagte man mir. Auf diese Weise kam ich zu Familie Degenhardt. Hauptsächlich sollte ich mich um die Kinder kümmern.

Bei Familie Degenhardt

Herr Degenhardt war Zahnarzt und seine Praxis befand sich in Chemnitz. Er kam nur am Wochenende nach Hause. Seine Frau empfing mich sehr freundlich (zunächst), und auch die Kinder, mit denen ich mich hauptsächlich beschäftigen sollte, waren gleich zutraulich. Ich wurde wie ein Familienmitglied behandelt und fühlte mich wohl. Ich bekam einen Raum bzw. eine Bettstelle, ist wohl zutreffender. Dieser Raum war ehemals ein Behandlungszimmer, denn darin standen ein altmodischer Behandlungsstuhl, ein medizinisches Schränkchen und ein häßlicher Spucknapf. Nicht zu vergessen ein Waschbecken und natürlich ein Bett. Der Fußboden war aus Stein und kalt. Auf alle Fälle war ich ganz zufrieden. Ich hatte ein Dach über dem Kopf, ein Bett und bekam zu essen und zu trinken. Was wollte ich im Augenblick mehr? Die Hausarbeit war nicht schwer und ich machte sie mit Frau Degenhardt zusammen. An den Nachmittagen habe ich mich ausschließlich mit den Kindern beschäftigt. Oft sind wir zum Spielplatz gegangen oder wir haben uns mit Brettspielen vergnügt. In diesem Haus wohnte auch Traute, mit der ich mich ein wenig angefreundet hatte. Außerdem ein ehemaliger Flieger, der aus Schlesien stammte und auch auf der Suche nach seiner Familie war. Dieser junge Mann, so erzählte mir Traute, sei der Geliebte von Frau Degenhardt. Nachdem ich ihren Ehemann kennengelernt hatte, konnte ich sie sogar verstehen, denn der war mindestens 20 Jahre älter als sie.

Was nicht so gut war, dieser junge Mann war zu nett zu mir, das sollte mir zum Verhängnis werden. Eigentlich war er nur hilfsbereit, er trug mir den Kohleneimer, wenn ich aus dem Keller kam, oder half mir beim Späne spalten. Er tauchte oft auf, wenn ich mit den Kindern auf dem Spielplatz war und wir sprachen miteinander. Sie fragte dann immer, war der Jochen auch auf dem Spielplatz. Ich hatte überhaupt nichts zu verbergen, denn der Mann hat mich überhaupt nicht interessiert. Außerdem hatte ich sowieso erst mal die Nase voll von der Gattung Mann.

Es war wohl so, wie Traute mir sagte, daß er ihr Geliebter war, und sie Angst hatte, daß er mit mir was anfangen wollte. Ich weiß nicht mehr genau, wie lange ich da gewesen bin, ob 14 Tage oder länger, als mir die Dame erklärte, in wohlwollenden Worten, daß sie mich eigentlich gar nicht bräuchte und daß ich mir eine andere Stelle suchen sollte. Nun war es wieder soweit.

Die Straße hatte mich wieder. Nun, das kannte ich ja zur Genüge. So ging ich eine Straße entlang. Wohin? Ich hatte keine Ahnung. Nur das Gefühl, von einer unsichtbaren Hand geführt zu werden. Als ob jemand sagte »geh diese

Straße«. Wie mir zu Mute war, brauche ich wohl nicht zu beschreiben.

Ich war schon eine Weile gegangen, als ein Pferdewagen neben mir hielt und der Mann, der auf dem Wagen saß, sagte: «Komm Mädchen, steig auf, ich nehme dich mit ins Dorf. Du brauchst mir nichts zu sagen, ich weiß, wie es dir geht. Jetzt kommst du erst mal mit zu mir nach Hause, meine Frau wird nichts dagegen haben, wenn ich dich mitbringe.«

Und so war es.

Dann erzählten mir diese netten Leute, daß in dem Dorf drei Ostpreußen den ganzen Sommer bei den Bauern gearbeitet haben, nur für Proviant, für die Pferde und für sich selber, um in die Heimat nach Königsberg zu fahren. Sie hatten nämlich die Wagen (Planwagen) und die Pferde vom Militär mitgenommen. Wie ihnen das gelungen ist, wer weiß?

»Am besten, du gehst mal zu ihnen hin und fragst, ob sie dich mitnehmen«, sagte der Bauer.

Der Bauer war sehr freundlich, und auch seine Frau fing gleich an, mich zu bemuttern. Doch sagten sie beide, wenn ich nach Königsberg will, sollte ich möglichst schnell die Soldaten fragen, ob sie gewillt wären, mich mitzunehmen. Denn wie sie erfahren hatten, wollten die drei in den nächsten Tagen aufbrechen.

NACH HAUSE?

Mit gemischten Gefühlen ging ich zu ihnen. Ich dachte, drei Männer und ich mit ihnen allein, was soll das geben? Ich kann mir die Burschen ja mal anschauen und dann entscheiden, was ich zu tun gedenke. Reizvoll war er schon, der Gedanke, nach Hause, nach Königsberg in die Heimat zurückzukehren. Doch unter welchen Bedingungen, fragte ich mich? Als ich sie dann sah, war ich sehr überrascht, denn zwei von ihnen waren Opas, ihre Gesichter waren faltig und verknittert. Und das, was sie an Kleidung anhatten, machte sie noch älter, und sie wirkten etwas schmuddelig. Nur der dritte war noch ein verhältnismäßig junger Mann, so um die dreißig Jahre alt, er hatte zwar schon eine Glatze, aber sein Gesicht war jung. Diese drei Männer waren beim Militär bei der Versorgungstruppe gewesen, und es war ihnen gelungen, die Pferde und Wagen (Planwagen) mitzunehmen. Paul, der jüngere, hatte einen Wagen und Pferd, und Richard und Fritz, so hießen sie, hatten dasselbe zusammen. Diese beiden waren es, die sich berieten und zu dem Entschluß kamen, mich tatsächlich mitzunehmen. Sie sagten, nachdem ich ihnen meine Geschichte erzählt hatte: »So ein kleines Marjellchen können wir doch nicht im Stich lassen und Platz im Wagen ist genug für so ein kleines Graschel.«

Es war ein warmer Tag, Anfang August, als wir früh am Morgen aufbrachen und das kleine Dorf hinter uns ließen. Mein Blick schweifte über die Felder und Wiesen. Und ich stellte mir vor, wie es sein würde, wieder in Ostpreußen zu sein. Ich sah schon die Pferde auf den Koppeln und die vielen schwarzweißen Kühe auf den Wiesen. Alles sah ich in Gedanken vor mir. Königsberg! Wenn wir durch das Sackheimer-Tor kämen, am Kupferteich vorbei. Rennen würde ich durchs Glacie, an der Pumpstation vorbei, und den Lieper Weg bis zu unserem Haus. Es kam mir gar nicht in den Sinn, daß alles ganz anders sein könnte. Mein Gott, war ich naiv. Doch davon etwas später.

Wieviel Tage wir bis Wittenberg gebraucht haben, kann ich nicht mehr sagen. Auf alle Fälle haben wir zunächst Pauls Frau abgeholt, die in der Gegend von Plauen mit ihrer kleinen Tochter evakuiert gewesen war. Paul freute sich, seine Familie wiederzusehen, doch seine Frau war überhaupt nicht begeistert und wollte zunächst nicht mitfahren. Es gab eine laute und hartnäckige Auseinandersetzung zwischen den Partnern, und letztendlich war der Mann doch der Stärkere. Später hat Ruth, ihr Name, mir erzählt, daß sie einen anderen Mann kennengelernt hätte und am liebsten bei ihm geblieben wäre. Doch Paul hätte sie gezwungen, weil sie ja noch mit ihm verheiratet war, mitzukommen. Für mich war es wesentlich besser, daß sie uns mit der kleinen Tochter begleitete, so fühlte ich mich nicht so allein. Bis Wittenberg war es ja nicht so weit, doch wie schon gesagt, wie lange wir bis dahin gebraucht haben, ist mir nicht in Erinnerung. Nur eins weiß ich noch, daß ich im Wagen schlafen durfte und die Männer, es war ja noch warm in den Nächten, mit Decken, die sie reichlich hatten, draußen auf dem Rasen oder Waldboden genächtigt haben.

Nun kam das Dilemma. In Wittenberg mußten wir uns sagen lassen, daß es sinnlos und verrückt wäre, durch Polen mit unseren Wagen zu fahren. Dort würde uns alles abgenommen werden und wir müßten damit rechnen, verprügelt und verjagt zu werden. Die Polen hätten nicht zu

Unrecht einen mordsmäßigen Haß auf die Deutschen. Nun war guter Rat teuer, sagt man. Doch die Leute, mit denen wir sprachen, sagten, die Bauern würden uns mit Kußhand nehmen, denn den meisten waren die Pferde von den Russen abgenommen worden. Wir brauchten nur in das nächste Dorf zu fahren, dann würden wir das schon erleben.

BRETZDORF

Und so war es auch. So kamen wir in das kleine Dörflein Bretzdorf, gerade noch rechtzeitig zur zweiten Heuernte (Krummet). Wir kamen zum Bauern Wieseke, dieser Hof hatte ca. 120 Morgen und die Leute waren froh und glücklich, ein Pferd zu bekommen. Auch die beiden Männer waren sehr willkommen. Was ist mit dem Mädchen, fragte der Bauer? Fritz sagte, die gehört auch zu uns. So mußten sie, ob sie wollten oder nicht, mich auch in Kauf nehmen. Zu diesem Hof gehörte die Bäuerin, ein Sohn Rudolf und die alte Mutter des Bauern. Wir, Fritz, Richard und ich bekamen ein Zimmer zugewiesen, in dem ein Ehebett und ein einzelnes Bett standen. Das sollte später zu einem Eklat führen. Doch ich will nicht vorgreifen.

In diesem Raum standen noch zwei Stühle, ein Schrank und ein Waschtisch. Die Männer schliefen in dem Ehebett und ich an der Seite in dem einzelnen Bett. Wenn die Männer schon im Bett lagen, habe ich mich ausgezogen, was die beiden respektiert haben. Ich habe mir auch nichts Verwerfliches dabei gedacht, daß wir in einem Raum zusammen geschlafen haben. Man hatte mir auch nichts anderes angeboten.

Zunächst ging alles wunderbar. Ich habe alle Arbeiten getan, die auch eine Magd tat. Und es machte mir sogar Freude, das Heu auf den Feldern zu wenden und zusammenzuharken. Die Garben von den Wagen mit der Gabel hochzuheben und in die Gefache unter dem Giebel zu stapeln. Das Heu auf dem Heuboden barfuß runterzutrampeln, daß einem der Schweiß nur so gelaufen ist. Und dann anschließend im Pferdestall, wo eine große Zinkwanne stand und wir heißes Wasser aus der Küche in Eimern ranschleppten und uns den Schweiß vom Körper schruppen konnten. Dann frische Wäsche, Rock und Bluse, von der Bäuerin geschenkt, anzuziehen.

In aller Herrgottsfrühe mit dem Sohn oder Bauer frisches Gras gemäht, wenn der Tau noch auf den Gräsern lag. Der Geruch von so früh gemähtem Gras war einfach köstlich.

An Regentagen habe ich mutterseelenallein Mist streuen müssen, und ob man es glaubt oder nicht, da habe ich alle Lieder, die ich kannte, laut gesungen, ganz besonders die, die wir in der Hitlerjugend gesungen, die konnte ich nämlich lautstark schmettern, weil das alles Marschlieder waren. Die Bauersleute haben oft gestaunt, was ich für eine Kraft hatte. Sie haben gedacht, daß ich eine verwöhnte Göre wäre, und jede Arbeit scheuen würde. Ich habe sie eines Besseren belehrt.

Rudolf hatte eine Verlobte, Ingrid, mit der habe ich mich gut verstanden. Sie waren seit Kindertagen einander versprochen. Sie stammten beide von den größten Höfen des Dorfes, und Reichtum muß man zusammenhalten. Rudolf war ein netter junger Mann, er hatte im Krieg eine Beinverletzung und hinkte ein wenig, aber sein Gesicht war hübsch, und wenn er nicht mit Ingrid verlobt gewesen und ich nicht so arm gewesen wäre, hätte es etwas mit uns werden können, denn ich mochte ihn sehr und er mich auch. Doch der Bauer hätte uns beide verjagt, ein bettelarmes Mädchen – undenkbar.

Nachdem die Ernte beendet war, fand an den Samstagen Tanz statt. Ich wäre auch gerne dahin gegangen, aber ich hatte nichts zum Anziehen und außerdem konnte ich ja gar nicht tanzen. Wo sollte ich das schon gelernt haben? Im Krieg war an Tanzen nicht zu denken.

Es war an einem Samstag Anfang November, als Ingrid, die Braut Rudolfs, mir ein Kleid von sich brachte, und auch Schuhe, die mir allerdings zu groß waren, und sagte, heute Abend gehst du mit zum Tanzen. Mit den Schuhen hatte ich Probleme, doch nachdem ich einige Pappsohlen eingelegt hatte, paßten sie. Nach dem Tanz war ich froh, sie wieder auszuziehen.

Nun zu dem Tanzabend selbst, wir hatten einen Heidenspaß, denn da wir nicht richtig tanzen konnten, sah es lustig aus, wie wir wie die Ziegenböcke rumgehüpft sind. Fritz und Richard und auch die anderen älteren Männer haben sich vor Vergnügen auf ihre Schenkel geklopft. Paul hat mir dann mit Genehmigung seiner Frau die Walzerschritte beigebracht. Übrigens haben Fritz und Richard bald Anschluß gefunden. Fritz hat sogar die Witwe Liesbet später geheiratet. Wie ja bekannt, ist im Winter auf den Höfen nicht viel zu tun, so habe ich der Bäuerin im Haushalt geholfen und viel gelesen.

VERRATEN UND VERKAUFT

Dann kam dieser schicksalhafte Samstag, der alles änderte. Nichts war mehr so wie vorher. Ein Kostümball war angesagt, und da ich kein Kostüm besaß, wollte ich auch nicht hingehen. Pauls Frau Ruth war Schneiderin, und sie war es, die mir mit etwas Geschick ein Kostüm improvisierte. So kam es, daß ich doch hingegangen bin, und es war auch am Anfang alles sehr schön. Und an diesem Abend hatte ich einen tollen Tänzer. Es war der Sohn des Bürgermeisters, der aus der französischen Gefangenschaft entlassen war. Ich schätze, er war so Mitte zwanzig und er konnte gut Walzer tanzen und sehr gut führen. Er hat mit fast allen Mädchen getanzt und kaum einen Tanz ausgelassen. Der letzte Tanz kam und er holte mich. Er machte mir Komplimente, wie gut ich tanzen würde, und ob er mich heimbegleiten dürfte. Sonst bin ich immer mit Fritz und Richard nach Hause gegangen, doch die hatten keine Lust, auf den Kostümball zu gehen und waren zu Hause geblieben. Außerdem – warum sollte er mich nicht begleiten, der Weg bis zu dem Haus, wo ich jetzt wohnte, war ja nicht weit.

Wir waren noch nicht lange gegangen, als er versuchte, mit mir in eine Scheune zu gehen. Er bedrängte mich und sagte: »Wenn du mit den alten Männern schläfst, kannst du es auch mit mir machen, ich besorge es dir viel besser.« Daraufhin habe ich ihm eine Ohrfeige verpaßt und bin, wie von Furien gejagt, weggerannt. Das war ein großer Fehler. In den nächsten Tagen sollte ich das zu spüren bekommen. Plötzlich schauten mich die Frauen scheel von der Seite an, und eine spuckte auf die Straße und zischelte so was wie

»Miststück«. Ich war wie vor den Kopf gestoßen und konnte mir das nicht erklären. Ich ging zu Fritz und Liesbeth und erzählte, was vorgefallen war, die konnten sich auch keinen Reim darauf machen. Dann kam Ruth angelaufen, und sie hatte gehört, im Dorf wird erzählt: Daß du eine Hure bist.« Dieses Gerücht konnte nur der Sohn des Bürgermeisters in die Welt gesetzt haben, weil ich ihn geohrfeigt hatte.

Aber so ist das mit Gerüchten, sie breiten sich lawinenartig aus, sie wachsen und wachsen und man kann nichts dagegen tun. Die Wahrheit wird immer mehr verdrängt. Schließlich glaubt man fast selber, an dem ganzen Schlammassel schuld zu sein. Man fühlt sich beschmutzt und miserabel. Am liebsten möchte man im Erdboden versinken, oder sich aufhängen, weil man die Welt nicht mehr verstehen kann. Was mir bis heute suspekt geblieben ist. Es gab eine Gemeindeversammlung wegen dieser Geschichte. Ich bekam eine Vorladung und die Bäuerin auch.

In dem Gemeindesaal, wo sonst die Veranstaltungen stattfanden, stand in der Mitte ein Stuhl und ich wurde verhört und beschuldigt, von einem jungen Mann des Dorfes, für meine Liebesdienste Geld verlangt zu haben. Auch Fritz und Richard wurden verhört und man stellte uns sehr unangenehme Fragen. Dann mußte die Bäuerin aussagen, warum sie mich mit den beiden Männern in ein Zimmer einquartiert hatte. In ihrem großen Haus hätten sie dem jungen Mädchen ein Einzelzimmer geben müssen. Warum haben sie das nicht getan. Sie log und sagte, ich hätte darauf bestanden, mit den Männern zusammenbleiben zu wollen.

Wem hat man wohl mehr geglaubt? Es wurde mir freundlich empfohlen, das Dorf lieber zu verlassen, weil es für mich doch nie mehr so sein würde wie vorher. Das hätte ich auch ohne gute Ratschläge getan. Am gleichen Abend hat mir die Bäuerin eine Kammer, mehr konnte man dazu nicht sagen, zugewiesen. Darin standen ein Bett, ein Stuhl, ein Schrank und eine Waschschüssel auf einem Hocker. Keine Heizung. Eiskalt. Von der Familie sprach keiner mehr mit mir, und ich bekam auch nichts mehr zu essen. Die Lebensmittelkarte wurde mir ausgehändigt und ich war nun Selbstversorger. Da ich kaum Geld besaß, habe ich eine ganze Weile nur von Brot, etwas Butter und Salz gelebt. Mittags war ich oft bei Liesbeth eingeladen, Fritz war inzwischen zu ihr gezogen und Richard hielt sich auch bei seiner Witwe auf.

In diesen Tagen dachte ich an die Adresse, die mir Fred in Eckernförde gegeben hatte. Ich hatte sie aufgehoben, obwohl ich nicht daran gedacht hatte, sie jemals zu brauchen. Eigentlich der Not gehorchend, griff ich nach diesem Strohhalm. Der Brief war so schnell beantwortet und mit soviel Wärme und Zärtlichkeiten geschrieben, dass es mir Mut machte. Jeden Tag kam jetzt ein Brief und in jedem stand, komm sofort nach Nürnberg. Ein Brief war sogar von seiner Mutter. Schade, daß ich keinen aufgehoben habe.

Weihnachten habe ich noch mit Fritz und Liesbeth gefeiert und am 2. Januar habe ich diesen Ort, wo ich eigentlich ganz zufrieden war, verlassen. Fritz und Richard haben mich noch mit dem Pferdewagen nach Wittenberg gebracht und mir alles Gute gewünscht.

NACH NÜRNBERG

Dort auf dem Bahnhof habe ich Wally kennengelernt, sie war auch auf der Suche nach ihren Angehörigen, so wie viele damals. Mit einem Bummelzug sind wir bis Eisleben gefahren. Der Zug, mit dem wir weiterfahren wollten, fuhr erst am nächsten Tag. Wally hatte mehr Geld als ich und wir übernachteten in einem Gasthaus. Das Zimmer hatte allerdings nur ein Bett, doch für uns reichte es, denn wir waren schlank und jung. Wally wollte mit mir zärtlich sein. Zunächst dachte ich: Na, was gibt das? Doch dann fand ich es eigentlich nicht unangenehm, sondern fühlte mich dabei wohl und behaglich. Mit Wally bin ich, bis wir in Frankfurt waren, zusammengeblieben. Dort haben wir uns getrennt. Sie wollte in Frankfurt bleiben und ich wollte ja nach Nürnberg. Aber ich war um eine Erfahrung reicher. Auch eine Frau kann man gernhaben und liebkosen.

Nach einer strapaziösen Zugfahrt war ich am Abend in Nürnberg angekommen. Es regnete und in diesem Zustand, müde, verschwitzt, ungewaschen und in keiner guten seelischen Verfassung, stand ich vor dem Bahnhof. In einer fremden Stadt. Die Adresse von Fred in der Hand, unschlüssig ob es sinnvoll wäre, da jetzt aufzutauchen. Ein älterer Mann fragte mich, wo ich hinwollte. Ich sagte, das weiß ich selber noch nicht. Er bot mir an, in sein Haus zu kommen, da könnte ich übernachten. Eine innere Stimme sagte mir, dieses Angebot nicht anzunehmen. Wer weiß, wo der mich hingeschleppt hätte. Ich ging dann zur Bahnhofs-Mission, und dort bekam ich eine Unterkunft für eine Nacht.

Nach dieser Nacht konnte ich mich dort auch frischmachen und ich war zuversichtlich, daß alles gut wird. Ich bekam noch ein Frühstück und fuhr dann mit der Straßenbahn zu der Adresse, die mir Fred angegeben hatte.

Dort angekommen, klingelte ich und eine Frau mittleren Alters öffnete. Sie sagte:»Was wünschen Sie?« Ich hatte natürlich erwartet, daß mir Fred die Türe öffnen würde. So war ich erst mal überrascht und stammelte irgendwas. Sie sagte, wir geben nichts, offenbar hatte sie angenommen, daß ich betteln wollte. So kramte ich den letzten Brief von Fred aus meiner Tasche und gab ihn ihr. Ungläubig schaute die Dame mich an und ließ mich eintreten. Dann gab ich ihr die ganzen Briefe, die ich von Fred erhalten hatte. Ihre erste Reaktion, der ist doch total verrückt geworden, was hat er sich nur dabei gedacht? Ein Mann saß in der Küche und sagte:»Nun erzählen Sie uns alles der Reihe nach.«
Dieses Ehepaar waren Tante und Onkel von Fred.

Die Tante bot mir gleich ein Bad an, und das freute mich. Meine Kleider nahm sie mit spitzen Fingern und legte sie in eine Wanne. Die hatten es auch bitter nötig, gewaschen zu werden. Nach dem erfrischenden Bad gab sie mir Unterwäsche und auch eine Bluse und einen Rock. Die Sachen waren mir zwar zu groß, aber ich fühlte mich trotzdem wohl darin. Dann habe ich ihnen einen Teil meiner Geschichte erzählt, und sie hörten mir interessiert zu.

Nun kam das Dollste, Fred wohnte bei ihnen und hatte praktisch nur eine Schlafstelle. Das Haus war von Bomben getroffen und das Zimmer, in dem Fred sein Bett hatte, war mit Möbeln vollgestopft und die Fenster waren mit Brettern zugenagelt. Seine Bitte, so schnell wie möglich nach Nürnberg zu ihm zu kommen, war eine Schnapsidee, anders kann man das nicht bezeichnen. Und der Brief von seiner Mutter war eine Fälschung. Die Tante war sehr offen und das war auch zu verstehen. Sie versicherte mir zwar höflich aber bestimmt, daß ich auf gar keinen Fall länger als ein paar Tage bleiben könnte. Der Onkel mit seinen treuen Hundeaugen schaute mich nur an und nickte von Zeit zu Zeit zu dem, was seine Frau mir zu erklären versuchte. Auf alle Fälle werde ich dem Burschen meine Meinung sagen. Er hat eine gute Anstellung bei der Bank, aber eine Familie gründen, nein das kann er nicht, sagte die Tante.

Der Abend kam heran. Ich selber war mir überhaupt nicht im klaren über meine Gefühle. Ich hatte ihn zwar gerne, aber wie würde es jetzt sein. Er war inzwischen in einer geordneten Welt. Vielleicht betrachtete er mich mit ganz anderen Augen als damals in Eckernförde. Daß ich mich verändert hatte, kam mir gar nicht in den Sinn, und doch war es so. Meine Frisur, die Kleidung, die Umgebung alles war doch anders.

Ich sehe ihn noch heute zur Türe reinkommen. Als er mich sah, legte er sich auf den Boden. Sein Aussehen, ja da muß ich sagen, er war geschniegelt. Später sagten wir zu Jungs, die so angezogen waren »Stentz«. Seine lockigen Haare waren glatt nach hinten gekämmt und glänzten wie eine Speckschwarte. Der Mantel, den er trug, war schwarz, und um den Hals hing ein weißer Schal.

Die Begrüßung? Was soll ich sagen? Wir begrüßten uns herzlich, aber ich fühlte gleich, da war etwas Fremdes. Die Tante überschüttete ihn gleich mit Vorwürfen. Er sagte: »Reg dich nicht auf, ich besorge uns eine Wohnung.« Damals war es schwierig mit Wohnraum und es ist auch nicht dazu gekommen.

Nachdem Onkel und Tante ins Bett gegangen waren, fing er an mit mir zu schmusen, doch mir war nicht danach zumute. Ich wollte wissen, was er sich gedacht hat, mich nach Nürnberg kommen zu lassen, wo er selber nur eine Schlafstelle hat. Seine Antwort, er hätte nicht gedacht, daß ich so schnell kommen würde. Nun, er würde sich jetzt um eine Wohnung bemühen, aber das könnte dauern und so lange müßte ich in eines der Flüchtlingsheime gehen, die es ja inzwischen überall gab. Wir redeten noch sehr lange über alle Möglichkeiten. Als ich im Bett lag, kam er angeschlichen und legte sich zu mir Ich hatte keine Lust, mit ihm zu schlafen. Warum sollte ich das tun, nur weil ich in seinem Bett lag? »Nein«, sagte ich »ich will das jetzt nicht, erst wenn du die Wohnung besorgt hast. Außerdem hab ich noch nie.«

»Sag bloß, du bist immer noch Jungfrau?«

»Natürlich«, sagte ich, und das war auch wahr. Dann ließ er mich in Ruhe und verschwand. Fred habe ich am nächsten Tag erst am Abend wiedergesehen, denn er mußte ja zur Bank, wo er angestellt war. Er war ja wieder in das normale Leben zurückgekehrt, was bei mir nicht der Fall war. Ich war heimatlos, ohne Angehörige und vogelfrei. Voller Hemmungen, unsicher, nichts zum Anziehen, kein Geld. Arm wie eine Kirchenmaus.

Und diesen Eindruck habe ich auch vermittelt. Kein Wunder, daß mich Fred jetzt mit anderen Augen sah. Dann kam seine Mutter, sie war entsetzt, was sich Fred geleistet hatte. Sie hatte den Bruder von Fred dabei, der behindert war und mit dem sie eine kleine Wohnung außerhalb von Nürnberg hatte, deshalb wohnte Fred bei den Verwandten.

Ich weiß nicht mehr, wie lange ich dort geblieben bin. Aber länger als eine Woche bestimmt nicht. Ich fühlte mich wie ein Eindringling in ihrer friedlichen und geordneten Welt. Und so kam es, daß mir Fred erklärte, wenn auch mit sehr schlechtem Gewissen, daß seine Gefühle für mich nicht so wie in Eckernförde seien. Er gab mir zweihundert Mark, damit ich wenigstens nicht ohne Geld wäre. Am nächsten Morgen verließ ich den Ort, von dem ich mir soviel versprochen hatte. Der Tante merkte ich die Erleichterung an, als ich mich verabschiedete.

Auf der Straße, mir wohl bekannt, fühlte ich mich wie ein Blatt im Wind. Zunächst bin ich wie im Nebel umhergeirrt und konnte keinen klaren Gedanken fassen. Es war eisig kalt und ich fror. Ich muß zur Bahnhofsmission, war meine Überlegung.

Einige Jungen und Mädchen kamen mir entgegen. Sie sprachen mich an: »Na, wo willst du denn hin, bist du auch alleine? Komm mit uns, da ist es warm.« Sie gingen, und ich mit ihnen, in ein scheinbar leerstehendes Haus, in dem keine Fenster drin waren. Wir gingen in den Keller. Auf dem Fußboden lagen viele Matratzen und Wolldecken, und einige Mädchen und Jungen schienen zu schlafen. Wacht auf ihr Langschläfer, wir haben zu essen mitgebracht. Das waren keine Jugendlichen sondern Kinder, die unter den Decken hervorkamen. Wir kümmern uns um diese Kinder, sie haben kein zu Hause. Es war ein Chaos, überall lagen Flaschen, Papier und Klamotten und was weiß ich noch alles herum. Sie gaben mir Schnaps zu trinken und ich sollte mit ihnen eine Zigarette rauchen, die sie selber drehten. Ich sagte, daß ich noch nie geraucht hätte. Die wird dir gut tun, dann vergißt du alle Sorgen und Probleme. Ich vergaß nicht alle Sorgen und Probleme, sondern mir wurde kotzübel und ich mußte mich übergeben.

Mein Gedanke danach, hier muß ich schleunigst wieder raus. Ich nahm meine Tasche und verschwand. Mir war entsetzlich elend zumute und ich torkelte wie betrunken umher. Eine Frau faßte mich am Arm und sagte, ich glaube, du brauchst einen Arzt. Ich ließ mich willenlos führen. Als ich wieder zu mir kam, lag ich in einem sauber bezogenem Bett in einem hellen Zimmer. Eine Schwester brachte mir was zu essen und Tee.

»Wo bin ich fragte ich?«

»Sie sind im Krankenhaus. Wir mußten Ihnen den Magen auspumpen, Sie hatten eine leichte Vergiftung. Was haben Sie gegessen?«

»Keine Ahnung«, sagte ich. Ich wollte nicht darüber sprechen. Ich wollte nur schlafen und nicht denken, nur schlafen.

Ich mochte die Mädchen und Jungen nicht verraten, die sich in diesem Keller eingenistet hatten und sich scheinbar wohl fühlten. Die konnten auch nicht wissen, daß ich am Abend vorher Schlaftabletten aus dem Nachttisch der Tante genommen hatte, die auf alle Fälle noch gewirkt haben, weil ich auch alles wie im Nebel gesehen hatte. Dann der Schnaps dazu, bei dem man nicht weiß, was das für Zeug gewesen ist. Und die merkwürdige Zigarette, die ich überhaupt nicht gewöhnt war. Das hat sicher alles dazu beigetragen, daß es eine Vergiftung war.

Im Krankenhaus hatte man mir den Rat gegeben, in eine Kleinstadt zu gehen, da würde man mehr für die Flüchtlinge tun können. Auch zwecks einer Arbeitsstelle, denn das Geld von Fred würde ja nicht lange reichen. Am besten wäre eine Stelle in einem Haushalt oder beim Bauern mit Kost und Logie. So beschloß ich, diesen Rat zu befolgen. Am Bahnhof erfuhr ich, daß der nächste Zug morgens früh um 8.00 Uhr von Bahnsteig 2 abfuhr. Also mußte ich noch eine Nacht in Nürnberg bleiben. Bei der Bahnhofsmission war im Moment alles überfüllt, so bekam ich eine Adresse von einem ehemaligen Bunker, den man für Wohnsitzlose und Flüchtlinge zur Übernachtung eingerichtet hatte. Ich mußte mit der Straßenbahn dahin fahren. Ich sagte dem Schaffner, daß er mir bitte sagen sollte, an welcher Station ich aussteigen müßte. Ein Mann, der in meiner Nähe stand, hatte das gehört und sagte:»Ich kann ihnen zeigen, wo das ist, ich wohne da ganz in der Nähe.« Nach einigen Stationen sagte der Schaffner mir Bescheid und der Mann stieg mit mir aus. Wir gingen eine ganze Weile, aber ich sah gar keine Häuser mehr und die Gegend wurde immer dunkler. Kaum noch Laternen.

Dieser Typ nahm aus seinem Mantel einen Bund Schlüssel und klapperte damit rum, dann sagte er, wir sind gleich da. In diesem Moment drehte ich mich von ihm weg und rannte wie die Feuerwehr die Straße entlang. Er kam hinter mir her gerannt, aber ich war schneller. Wieder einmal hatte ich einem Menschen vertraut, und noch mal Glück gehabt. In dem Bunker angekommen, zitterte ich am ganzen Körper, dann mußte ich weinen und konnte mich kaum beruhigen. Die Frauen, die dort in dem Bunker arbeiteten, erzählten, daß ein Mädchen von einem Sittenstrolch vor einiger Zeit in dieser Gegend mißbraucht worden ist und die Polizei schon lange den Kerl suchen würde. Sie wollten die Polizei holen und ich sollte den Mann beschreiben, doch so genau hatte ich mir den Kerl nicht angesehen. Doch dann war mir etwas aufgefallen, was ich der Polizei sagen konnte, er hat gestottert. Für die Polizei war das ein guter Hinweis, sagte man mir. Nach diesem schlimmen Abend war ich noch zwei Tage in diesem Bunker. Die eine Frau war so freundlich und hat mich zum Bahnhof gebracht und ich fuhr nach Hilpolstein. Froh, Nürnberg, eine Stadt, die eine große Enttäuschung war, hinter mir zu lassen. Andererseits kann ich mich nicht von Schuld frei sprechen, auch Fehler begangen zu haben.

HILPOLSTEIN

In dem kleinen Städtchen Hilpolstein angekommen, konnte ich mir wenigstens, Dank des Geldes von Fred, ein Zimmer in einem kleinen und einfachen Gasthof nehmen. Ich hatte es bitter nötig, mich von allen Erlebnissen in der letzten Zeit zu erholen und diese wenn möglich zu vergessen. Was geschehen war, konnte ich nicht mehr rückgängig machen, nur aus den Folgen etwas lernen. Doch wenn man jung ist, kann man offenbar vieles verkraften, was man vielleicht auch durch eigene Schuld oder besser Versagen heraufbeschworen hat.

Ich kaufte mir das Buch »Vom Winde verweht« und legte mich ins Bett, um total abzuschalten. Ich ging nur zum Essen in die Gaststube und vermied jeglichen Kontakt mit anderen Menschen, besonders mit dem männlichen Geschlecht. Langsam kam ich zu der Überzeugung, wenn man keine Familie hat und auch sonst in der Welt alleine steht, daß dann die Männer glauben, daß man sozusagen zum Abschuß bereit sein muß. Sie denken, daß man vogelfrei zu sein hat, und sie sind ja sowieso immer auf Beute aus, und sie haben wie die Tiere immer Brunstzeit. Das habe ich jedenfalls die ganzen Monate permanent erlebt.

Von Tag zu Tag ging es mir besser und ich beschloß, zum Arbeitsamt zu gehen, um vielleicht eine Stelle bei einem Zahnarzt zu bekommen. Hier beschied man mir, daß keine Stelle frei wäre. Nun, dann eine Stelle im Haushalt, fragte ich. Ja, sagte die Dame, aber nur beim Bauern. Sie gab mir eine Adresse von einem Bauernhof, der zugleich ein Gasthof war und einige Kilometer von Hilpolstein entfernt lag. So machte ich mich auf den Weg und kam zur Familie Alois Breitinger. Den Namen des Dorfes weiß ich nicht mehr, aber es lag in der Nähe der Autobahn. Der Bauer schien mir steinalt zu sein. Er trug einen langen Bart und dieser und auch seine Haare waren grau und struppig. Er sprach Dialekt und ich verstand kein Wort.

Dann rief er: »Marie, komm doch mal.«

Marie war seine älteste Tochter und führte ihm den Haushalt. Die Frau des Bauern lag im Bett und war sehr krank. Marie begrüßte mich sehr freundlich, auch sie sprach Dialekt, doch nicht so arg wie der Alte.

»Viel gibt es bei uns nicht zu tun, aber seit Mutter so krank ist, muß ich mich um alles hier kümmern«, sagte sie. »Vater steht fast nur am Schanktisch und schenkt unseren Gästen, viele sind es eh nicht, Bier aus.«

Sie zeigte mir ihr Zimmer, in dem auch ich schlafen sollte. Dieser Raum war so karg eingerichtet, daß einen fröstelte, wenn man den Raum nur betrat. 2 Betten, 2 Stühle, 1 Schrank und eine Kommode mit einer Waschschüssel und einem großen Krug. Kaum ein Bild zierte die Wände und der Fußboden hatte weiß gescheuerte Dielen, auf dem ein dünner selbstgewebter Flickenteppich lag. Ganz anders das Zimmer der wesentlich jüngeren Schwester, die in Nürnberg studierte und die am Wochenende zu Besuch kam. Unterschiedlicher können Schwestern nicht sein, wie diese zwei. Schon der Name, Susanna und Marie paßten nicht zusammen. Nun, diese Susanna behandelte mich wie eine Magd, und das war deprimierend. Zu der Zeit war mein Selbstwertgefühl angeschlagen und diese eingebildete Pute trug dazu bei, daß ich mich noch minderwertiger fühlte. Ich war froh, als sie wieder verschwand. Marie war ganz das Gegenteil und ich war gerne mit ihr zusammen. Ich half ihr bei allen Arbeiten im Haus. Zu diesem Anwesen gehörte ein Wald, dort sind wir mit der Kuh, ein Pferd hatten sie

128

nicht, hingefahren und haben Reisig an Ort und Stelle kleingehackt und zu Bündeln zusammengebunden. Dieses Stück Wald lag direkt an der Autobahn und wir sahen viele amerikanische Militärfahrzeuge an uns vorbeifahren.

Eines Tages hielt ein Jeep und zwei Schwarze stiegen aus und kamen zu uns gelaufen. Wir hatten zunächst Angst, weil wir nicht wußten, was sie wollten, dann begriffen wir, daß sie ein Gasthaus suchten. Sie schenkten uns Schokolade und Kaugummi und wir konnten ihnen ein Gasthaus nennen. Als wir von unserer Arbeit heimkamen, saßen sie gemütlich mit dem Wirt zusammen. Es gab ein Gelächter, als sie uns sahen.

Marie war eine sehr gute Köchin, und ich habe viele Gerichte gegessen, die ich von zu Hause nicht kannte. Auch habe ich einiges von ihr gelernt. Bei diesem guten Essen habe ich ganz schön zugenommen, und der Bauer sagte eines Tages: »Endlich siehst du aus wie eine dralle Deern und nicht wie eine aus dem KZ.«

Vor dem Essen wurde immer gebetet, zwar war das in meinen Augen nur ein Runterleiern des Vater-Unsers in katholisch, aber das mußte sein. Austeilen, ob das Suppe, Brot oder Fleisch war, tat nur der Bauer und zu essen anfangen durfte man erst, wenn er anfing. Wenn es Kartoffelbrei gab, stand die Schüssel in der Mitte auf dem Tisch und jeder konnte daraus löffeln. Es fehlte nur noch, daß Messer und Gabel am Tisch an der Kette hingen, dann hätte ich gedacht, ich bin im Mittelalter.

Am Sonntag sind wir in die Kirche. Der Gottesdienst hat mir besser gefallen als in der evangelischen Kirche, nur daß die Männer und Frauen getrennt saßen, kannte ich nicht. Nach dem Gottesdienst sind einige Bauern zu uns in die

Gaststube gekommen und da durfte ich ihnen das Bier bringen. Wenn ich nicht irre, war ich etwa 3 Wochen dort, und irgendwie war es sehr langweilig und ich beschloß, mir doch was anderes zu suchen und wieder in das Städtchen Hilpolstein zurückzugehen.

Marie war dann der gleichen Meinung wie ich, daß es im Grunde genommen wenig zu tun gab. Insbesondere jetzt im Winter, und sie riet mir, wieder nach Hilpolstein zu gehen, wo sich mir doch mehr Möglichkeiten boten, eine andere Beschäftigung zu finden. Gesagt getan, machte ich mich mal wieder auf den Weg. Doch ich sollte vom Regen in die Traufe kommen. Doch diesmal würde ich anders darauf reagieren. Doch vorerst mußte ich natürlich zum Arbeitsamt, diese Dame, die mich schon mal als Magd auf den Bauernhof geschickt hatte, erkannte mich wieder, und es war ihr ein Vergnügen, mir noch eine Stelle zu vermitteln, die viel weiter als die vorherige auf dem Bauernhof war. Sie war übrigens eine nicht sehr anziehende Person und ich war ja als junges Mädchen ganz niedlich. Sie war bestimmt etwas neidisch, anders kann ich mir ihre Gehässigkeit nicht erklären, doch wer kennt schon die Menschen. Sie sagte: »Wenn Sie die Stelle nicht annehmen, habe ich nichts anderes, und an eine Unterstützung brauchen Sie gewiß nicht zu denken. Außerdem wird es Ihnen gut tun, auf diesem Hof Ordnung zu schaffen.«
Ich dachte, ich werde einen Deubel tun.

Ich nahm mir fest vor, dem Bauern zu erklären, daß ich von der Landwirtschaft keine Ahnung hätte, und ihn dazu zu bewegen, die Karte, die man auf dem Arbeitsamt vorlegen mußte, zu unterschreiben. Dieser Bauernhof, zu dem mich diese Tussy geschickt hatte, lag im wahrsten Sinne des Wortes am Arsch der Welt. Kilometer weit von Hilpolstein entfernt und weit und breit kein Haus zu sehen. Aus der

Ferne sah man schon die Verwahrlosung dieses Anwesens. Vor dem Haus saß ein struppiger Hund an einer Kette angebunden, der fürchterlich bellte, als er mich erblickte.

In der Küche, die Türe stand offen, saß ein Mann mittleren Alters an einem Tisch, der mit allen möglichen Dingen überladen war. Der Mann sah genau so struppig aus wie der Hund. In der Küche herrschte ein Chaos, anders kann man das nicht beschreiben. Der Mann fragte:»Sind Sie die neue Magd?« Ohne meine Antwort abzuwarten, sagte er: »Na, dann fangen Sie gleich mal an, hier aufzuräumen.« Ich sagte, daß ich dazu nicht gewillt wäre und überhaupt wäre ich keine Magd und hätte keinen blassen Schimmer von der Hauswirtschaft und noch weniger von der Landwirtschaft. Ich bat ihn, seine Unterschrift unter den Vermerk, nicht zu gebrauchen, zu geben. Nun war es an ihm, das nicht zu tun. Er wirkte plötzlich sehr ärgerlich und stand auf und kam auf mich zu, als wollte er mich packen. Ich ging rückwärts zur Türe und rannte so schnell ich konnte wie die Feuerwehr davon. Der Hund bellte schrecklich und ich hatte Angst, daß er mir dieses struppige Biest auf den Hals hetzte. Schweißgebadet setzte ich mich erst mal hin, als ich ein Stück von dem unfreundlichen Ort entfernt war.

Eins war mir klar, zu dem Arbeitsamt gehe ich auf gar keinen Fall mehr. Denn ich hatte keine Lust, mit dieser unfreundlichen Tussy zu sprechen. Wieder einmal hatte ich das Gefühl, daß mich eine unsichtbare Hand führte. Ich kam an ein Gasthaus und ging hinein, um etwas zu trinken. Eine große, kräftige Frau brachte mir ein Glas Milch und setzte sich zu mir an den Tisch. Sie fragte, woher ich käme und wohin ich wollte.

»Du siehst mir so traurig aus, was ist los?« Das hätte sie nicht sagen sollen, denn nun saßen die Tränen wieder locker und ich mußte heulen, wie ein ausgesetzter Hund. Nachdem ich ihr meine Geschichte im Telegrammstil erzählt hatte, sagte sie: »Nun ist Schluß mit dieser Rumreiserei, jetzt bleibst du bei uns, bis wir deine Familie gefunden haben. Das Rote Kreuz ist dabei, Familien, die sich im Krieg verloren haben, wieder zusammenzuführen.« Davon hatte ich vorher nie etwas gehört. Zu diesem Gasthaus gehörten der Ehemann dieser so netten Frau und zwei Töchter, Elsbett und Anna. Sie nahmen mich wie ein Familienmitglied auf. Ich war angekommen. Die Familie half mir, an das Rote Kreuz zu schreiben. Daß es einige Zeit dauern würde, war klar. Frau Hoferbert sagte, und das war ernst gemeint: »Wenn es deine Familie nicht mehr gibt, bleibst du bei uns. Wo vier Leute satt werden, werden es auch fünf.«

Die Schwestern halfen mir, eine Arbeit zu finden, und zwar in Roth. Dort gab es eine Christbaumschmuck-Fabrik, bei der ich gleich anfangen konnte. Sie stellten unter anderem Girlanden in Silber und Gold her und an so einer Maschine wurde ich angelernt. Diese Arbeit war so einfach und stupid, das würde ich niemals mein ganzes Leben machen. Daß es Menschen gibt, die es ihr Leben lang doch tun, ist mir unbegreiflich.

Ich mußte allerdings, um nach Roth zu kommen, von Hilpolstein mit dem Zug fahren, und da die Arbeit um 7.00 Uhr begann, in aller Herrgottsfrühe aufstehen, aber das hat mir nichts ausgemacht, denn die Schwestern mußten auch so früh aufstehen und wir sind dann gemeinsam einige Kilometer bis Hilpolstein gelaufen.

Hilde in Treysa mit 18 Jahren

DER BRIEF

Dann kam der 26. April 1946. Diesen Tag werde ich in meinem ganzen Leben nie vergessen.

Ich kam von der Arbeit und die ganze Familie war in der Küche versammelt. Hier ist ein Brief für dich angekommen. Der Absender »Elli Braumöller«, die Schrift kam mir bekannt vor, aber der Name Braumöller, nein den kannte ich nicht. Mach doch mal auf, sagte Frau Hoferbert.

Dann las ich »Liebe Schwester,« weiter kam ich nicht, noch heute, nach so vielen Jahren, kommen mir vor Rührung die Tränen. Die ganze Familie heulte mit mir und wir umarmten uns immer wieder. Meine Schwester hatte inzwischen geheiratet, deshalb der fremde Name. Nachdem ich mich einigermaßen beruhigt hatte und wieder klar sehen konnte, las ich den Brief mit großer Freude zu Ende. Der Inhalt lautete in etwa so:

»Liebe Schwester, durch das Rote Kreuz habe ich heute Deine Adresse erhalten und schreibe Dir unverzüglich. Wir hatten große Sorge, Dich nie wiederzusehen, weil wir nicht wußten, wo wir eigentlich suchen sollten. Dies hat nun glücklicherweise das Rote Kreuz übernommen. Wir sind sehr froh und glücklich, Dich endlich gefunden zu haben. Zu meinem neuen Namen. Nachdem wir, wie Du sicher längst erfahren hast, aus dem schönen Sudetenland, was eigentlich unsere neue Heimat werden sollte, auch vertrieben wurden, haben Peter und ich, der auch dorthin gekommen war, uns zu Fuß auf den Weg nach Treysa (Nordhessen) begeben. Dort hat Peter, wie Du vielleicht gewußt hast, Verwandte, die so freundlich waren, uns in ihrem Haus zwei Zimmer zu überlassen.
Unsere Hochzeit, war übrigens die ERSTE nach dem Krieg, die in Treysa stattfand. Ich kann Dir sagen, die Kirche war proppendick voll. Doch leider keine Eltern, noch Geschwister, die mir Glück wünschen konnten. Du kannst Dir sicher denken, wie mir zu Mute war. Trotz der vielen Menschen und des schönen Kleides, war ich eine traurige Braut.

In dem Haus der Verwandten haben wir eine Küche und eine Dachkammer. Die Küche dient zugleich als Schlafraum für Gretel, und wenn du kommst, mußt du mit ihr zusammen schlafen. Du mußt wissen, daß ich Gretel und Gina von Mecklenburg hierher geholt habe, weil beide sehr krank waren. Mama und Siegfried sind noch dort, und Papa soll demnächst aus der

Ellis Hochzeit

russischen Gefangenschaft entlassen werden. Wir wohnen sehr beengt, wie in dieser Zeit viele Flüchtlinge, aber wie sagt man so schön: Geduldige Schafe gehen viel in einen Stall.
Wir sind, wenn Du kommst, 6 Personen, denn ich habe am 7. April einen Sohn geboren, Klaus-Peter, ein strammer Bursche. Wir müssen es schaffen, uns zu vertragen und vielleicht bekommen wir irgendwann eine größere Wohnung. Komm bald, wir warten auf dich.

P. S. Oben in dem Dachkämmerchen stehen zwei Kinderbetten und ein großes für Peter und mich, und man kann es nicht heizen.

Die Adresse war Treysa, in Hessen. Ich bin natürlich gleich dahin. Frau Hoferbert weinte, als ich mich verabschiedet habe, sie hatte mich ins Herz geschlossen. Wir haben uns noch lange geschrieben, und ich war sogar zur Hochzeit der Töchter eingeladen, aber da war ich schon verheiratet und konnte nicht fahren, weil ich schwanger war.

Ich sehe mich noch heute den »Neuen Weg« hochmarschieren und das Haus, in dem meine Schwestern am Fenster standen, als ob sie wüßten, daß ich in diesem Moment die steile Straße entlangkomme. Sie kamen auf die Straße gerannt, und wir plinzten alle drei. Nach so langer Zeit des Alleinseins endlich ein Zuhause, zwar ein anderes als in Königsberg, aber ein Ort mit den Geschwistern zusammen. Dieses Städtchen sollte für uns alle eine neue Heimat werden. Nämlich 1948 kam Gerhard aus der russischen Gefangenschaft und Heinz Ende 1949 ebenfalls russischen Gefan-

Hilde mit Tochter Gabi (5. und 4. von rechts),
hinter ihr knieend ihr Ehemann

genschaft. Beide haben vom Roten Kreuz die Adresse von Elli erfahren. Da nun alle Geschwister da waren, bis auf Siegfried, der noch auf der Schule war, haben wir die Eltern 1954 von Güstrow nach Treysa geholt. Wenn man sich das vorstellt, daß wir alle getrennt waren und uns wiedergefunden haben, gesund und munter, muß ich schon sagen, daß es an ein Wunder grenzt.

Die Geschwister, Siegfried, Gerhard und Heinz, Hilde, Elli und Gretel in Treysa 1959 (von links nach rechts)

Noch etwas, was den Leser oder die Leserin vielleicht interessiert.
Alle Geschwister, bis auf Siegfried, haben in Treysa geheiratet. Und alle wären gerne dort geblieben, wenn es mehr Arbeitsmöglichkeiten gegeben hätte.

Der Flemmings-Clan ist schon bemerkenswert. Einmal im Jahr haben wir ein Familientreffen. Das letzte war in der Nähe von Treysa.
Außer Heinz sind alle noch am Leben, alle haben, bis auf Siegfried, Kinder, und alle Ehen sind noch intakt.

Ich bin meinen Eltern sehr dankbar, daß sie mich so selbständig erzogen haben, denn als verwöhnte Göre hätte ich meine Odyssee nicht so gut verkraften können.
Außerdem danke ich meinem Schutzengel, der mich überall begleitet und vor vielem gewarnt hat.

Flemming-Treff 2001
Hilde in der oberen reihe im schwarzen Blazer, in der 1. Reihe
Hildes Ehemann, links Tochter Gabriele, rechts Tochter
Christiane und Enkelin Felicitas

CHRONIK

Am 26.4.1919 heirateten Friedrich Wilhelm Flemminng
und Lina Friederike Bergatt.

Geburt: Elli am 25.11.1919
Beruf: Verkäuferin und Sekretärin
Heirat: 15.7.1945, die 1. in Treysa nach dem Krieg
Kinder: Klaus-Peter und Elke

Geburt: Gerhard am 2.2.1921
Beruf: Schneidermeister und Gewandmeister
an den Städtischen Bühnen in Frankfurt/Main
Heirat: 21.7.1951 in Treysa
Kinder: Roswitha und Reiner

Geburt: Heinz am 7.3.1922
Beruf: Verkäufer und Eisenbahner
Heirat: 29.12.1952 in Treysa
Kinder: Heike, Monika und Ursula

Geburt: Margarete am 17.11.24
Beruf: Sekretärin
Heirat:24. 7, 1949 in Treysa
Kinder: Regina, und Thomas

Geburt: Hildegard am 16.9.27
Beruf: Zahnarzthelferin
Heirat: 18.3.1950 in Treysa
Kinder: Gabriele und Christiane

Geburt: Siegfried am 30.3.1932
Beruf: Polizeikommissar
Heirat: 20.8.1966 in Düsseldorf

Heimat ist da, wo meine Wiege stand,
wo ich Liebe und Geborgenheit gekannt.
Wo ich zur Schule bin gegangen,
wo ich Schmetterlinge und Kaulquappen gefangen.

Wo man jeden Weg und Steg gekannt,
wo man zum Pregel ist gerannt.
Auf dem Kupferteich Schlittschuh gelaufen,
am Budchen für 5 Pfennig Lackritz tat kaufen.
Auf dem Schloßteich Bootchen gefahren,
mit den Jungs, in die verliebt wir waren.

Bei Gräfe und Unzer durch die Regale gelaufen,
und kein Geld hatten, um uns Bücher zu kaufen.
Am Kaiser -Wilhelm Platz auf die Straßenbahn gewartet
und am Wochenende an die Ostsee gestartet.
Nach Neukuhren, Cranz oder Rauschen,
da wollte ich mit keinem tauschen.

Noch heute hör ich das Rauschen der Wellen,
seh mich liegen am Strand.
Dieses Fleckchen Erde einst unser Samland.
Auf dem Fischmarkt die Marktfrauen zum Ärgern gebracht
und wenn sie mit Fischköpfen schmissen,
haben wir nur gelacht.
Im Alhambra den weißen Traum gesehen
und sich selber als Eisprinzessin gesehn.

Im Rosengarten den ersten Kuß bekommen,
und die Ratschläge der Eltern nicht angenommen.
Dann kam der Krieg und wir mußten fort,
aus unserem schönen Land, die Häuser kaputt,
die Erde verbrannt.

Nur die Erinnerung ist uns geblieben
an unsere Heimat, aus der wir wurden vertrieben.

Ingeborg Flemming